가상 세계의
창조자들

메타버스와 챗GPT의 창조적 융합 시대를 여는

가상세계의 창조자들

노석준　　　이승희

글라이더

피터 서_미국 메타 실리콘밸리 본사 이사(Meta, Director, Peter Seo)

오쿨루스(Oculus)는 원래 라틴어로 '눈'을 의미하며, 로마 판테온의 돔 정상에 위치한 원형 개구부를 가리키는 용어이다. 이러한 의미를 이어 받아 메타의 VR 기기 역시 로마 판테온 돔의 원형 개구부를 연상시키 며 오쿨루스라는 이름을 선택했다.

이 책은 놀랍게도 한국에서 최초로 건축학적 고찰을 통해 메타버 스의 변화를 쉽게 설명하며 우리에게 새로운 시각을 제공한다. 이러한 신선한 고찰은 여전히 나의 머리와 가슴을 흥분시키는 특별한 에너지 로 가득하다.

김희관 _ (주)더블미 대표이사

메타버스의 일반적인 정의는 '컴퓨터가 매개된(Computer-mediated) 가
상의 디지털 공간'이다. 하지만 인류의 다양한 신화, 종교, 설화 그리
고 현대의 각종 대중문화는 모두 컴퓨터의 매개 없이도 기존의 매체를
통해 인류에게 메타버스로 공유되어왔다. 이 책은 건축물이라는 물리
적인 공간 매체를 통해 인류의 추상적인 메타버스가 어떻게 구체화되
었는지를 아주 독특한 관점에서 설명한다. 인문학적인 가치뿐만 아니
라 실제 메타버스 서비스를 구축하는 업계 종사자들도 참고해야 할 훌
륭한 지침서다.

김억 _ 홍익대학교 명예교수

성경 없이는 예수의 의미를 설명할 수 없는 것 같이 이야기와 내러티
브 없이는 사건과 이벤트의 의미를 설명할 수 없다. 이 책은 메타버스
에 대한 이야기다. 메타버스의 과학철학적 배경과 적용 개념들 그리고
그것들의 역사적 진화·발전 과정에 대해서 살펴보고 있다. 메타버스
환경과 그 환경이 가져올 사회적, 기술적 파급효과의 의미를 찾기 위
한 노력이다.

　　저자는 주 전공인 건축과 도시의 계획·설계와 접목할 방안을 언급
하고 다양한 가능성을 제시하고 있다. 컴퓨터의 도움으로 2차원으로
접근하던 아날로그 공간을 넘어서서 디지털로 3차원 설계를 실행할 수
있었던 것이 얼마 전까지의 일이었다. 근래에 모빌리티가 결합된 4차

원 공간이 스마트 도시의 내러티브와 함께 선을 보였다. 이 책에서 저자는 메타버스 환경에서는 4차원을 뛰어넘는 공간을 창조할 수 있다는 흥미로운 발상을 보여준다. 이 책을 읽고 메타버스 환경과 플랫폼을 이해하고 '다차원적 평행 우주론'을 음미해본다.

노재일 _ 퀀텀웨이브 〈문화예술 AI 플랫폼 리더〉 대표이사
이 책이 담고 있는 역사적, 인문학적 그리고 건축학적 고찰을 통해, 메타버스의 정확한 시대적 가치와 사회적 역할 등을 성찰하게 되었다. 그간 회자되던 메타버스의 기술적 치장에 치우친 현혹적 광고 문구를 내 머릿속에서 세척하는 감동을 받았다.

메타버스의 미래 비전인 실물경제 생태계 가상공간 개념을 도시 건축, AI, 챗GPT와 융합해 메타버스의 미래 가치와 방향성을 제시하고 있어, 경영자 뿐만 아니라 IT 아키텍트나 건축가, 도시 디자이너, 콘텐츠 디자이너가 다각도로 메타버스를 새로운 시각으로 이해할 수 있는 명쾌한 가이드다.

AI, 챗GPT, 메타버스는 인간들에게 새로운 경험과 혁신적인 가능성을 제공하는 중요한 키워드다. 우선 AI, 챗GPT의 출현은 혁신적인 진전으로 인류에게 새로운 가능성을 열어주었고 인간의 한계와 잠재력을 새롭게 탐구할 수 있는 기회를 제공했다. 그러나 이러한 기술의 급격한 변화 가운데 인간의 존재와 유용함에 대한 근본적인 질문과 인공지능으로 대체되는 일자리의 변화, 경제적, 정치적 파급효과를 우려하는 목소리가 사회적 긴장을 조성한다. 또한, 인공지능이 생산하는 정보의 허구성, 편향성으로 야기되는 문제를 해결하기 위한 윤리와 도덕적 가치 기준 설정에 대한 사회적 합의가 필요한 시점이다.

그중에서, 메타버스는 미래 최첨단 산업의 가장 큰 흐름 중 하나이며 인류가 역사적으로 가지고 왔던 상상력의 총아이자 꿈을 실현할 수 있는 분야다. 메타버스는 가상현실과 현실 세계의 융합을 통해 사람들에게 창조적인 활동과 상호작용의 기회를 제공하고 경제 생태계의 새로운 패러다임을 형성해 사회의 발전과 다양성을 촉진하고 있다. 그래서 최근에 글로벌 빅테크 기업들은 새롭게 펼쳐질 메타버스의 시대를 선점하기 위해 다양한 준비를 하고 있다. 페이스북은 회사명을 메타로 바꾸고 시스템을 정비했으며, 마이크로소프트는 블리저드라는 게임 회사를 IT 업계 사상 최고액인 687억 달러(82조 원)에 인수하는 세기의 빅딜까지 감행하였다. 그 외의 모든 테크 기업들과 구글, 애플, 아마존 등도 메타버스를 차세대 새로운 산업의 축으로 생각하며, 관련 기술을 가진 기업들을 인수·합병하면서 그 영역을 키워나가고 있다.

메타버스는 우리 삶에 깊숙이 연관되어 있다.

최근 급격히 발전한 VR, AR 그리고 홀로그램 등의 기술과 고도로 발전한 컴퓨터 그래픽 기술, 소셜미디어의 활성화 등을 바탕으로 게임, 문화, 엔터테인먼트뿐 아니라 부동산 거래, 창작물 거래 등 새로운 경제활동의 축으로도 자리를 잡아가고 있다. 새로운 라이프, 문화, 사회 그리고 경제 생태계가 메타버스에서 펼쳐지고 있는 것이다. 전문가들은 2019년 499억 달러(50조 원)였던 세계 메타버스 시장이 2030년에는 1조 5,400억 달러(1,700조 원)로 규모가 30배 이상이나 커질 것으로 전망하고 있다. 더욱 진보된 양자 컴퓨터의 출현 그리고 사물인터넷과 인공지능, 암호 화폐와 블록 체인을 기반으로 한 경제 인프라의 구축 등 메타버스는 우리의 또 다른 삶의 공간이 되기 위한 환경들을 빠르게 조성해나가고 있다.

그러나 메타버스를 그저 하나의 기술로만 치부하면 안된다.

메타버스는 디지털 기술로 구현되는 가상의 공간에서 다양한 가상의 활동들이 일어나는 거대한 플랫폼이자, 이를 구현하는 최첨단의 기술들이 합쳐진 하나의 거대한 오가니즘(organism)이다. 그래서 메타버스는 기술(technology)보다는 개념(concept)에 더 가깝다.

그렇다면 과연 소설이나 공상과학영화에 나올 것 같은 가상현실과 가상공간, 메타버스의 개념이 새로운 시대와 기술에 맞춰서 나온 새로운 개념일까? 아니면 인류의 탄생부터 늘 우리 곁에 존재해온 개념일까?

이 책은 이러한 질문을 통해 시작되었다.

메타버스는 사실 어느 날 갑자기 등장한 개념이 아니다. 현대 인류의 시조인 호모사피엔스가 가상의 이야기를 지어내던 약 7만 년 전부터 인간은 꾸준히 메타버스를 창조하고 경험해왔다. 물론 역사 속에서 메타버스는 당대의 자원과 기술, 인간의 능력에 따라 그림, 책, 디지털 영상 등 각기 다른 형태로 창조되었다. 그러나 그 안에 인간의 무한한 상상력과 창의력을 바탕으로 한 가상의 이야기가 담겨 있다는 것에는 변함이 없었다.

가상성은 역사 속에서 인간의 상상력을 기초로 탄생했다. 구전으로 전해지던 스토리텔링은 이후 문자나 책으로 기록되면서 더 빠르게 더 멀리까지 전파되었다. 어떤 형태든 늘 당대 최고의 천재와 최고의 기술로 구체화되면서 가상의 세계는 인류의 유산으로 만들어지기도 했다.

이 책에서는 이러한 가상 세계의 역사를 통해 궁극적으로 인간 본질을 탐구하면서 몇 가지 사실을 발견하게 된다. AI, 챗GPT, 메타버스와 같은 가상현실과 인공지능의 개념적 모델은 고대부터 현대까지 존재해온 것이고, 인간은 항상 상상하고 이를 실현시키는 방식으로 그들의 문명을 발전시켜왔다는 흥미로운 사실 말이다.

이 방식은 과거나 현재 그리고 미래에도 변하지 않을 것이다. 우리는 미래의 새로운 기회를 찾기 위해 과거의 방식들을 연구하고 이를 통해 새로운 미래의 기회를 찾을 수 있다. 이 책을 통해 독자들이 미래의 비즈니스 모델과 우리가 살아갈 미래의 환경을 그려보게 되리라 확신한다.

2023년 계묘년(癸卯年) 초여름에
노석준

서문

메타버스 탄생의 유전자인 가상성 또는 버추얼리티(virtuality)의 유산은
지금도 실제생활에서 사람들의 삶과 죽음을 결정할 정도로 매우 강력하
게 존재하고 있다. 예를 들면, 일부 종교는 버추얼적 요소가 가득한 가
치의 실현을 위해 공동체 구성원들에게 특정한 삶의 방식과 사고방식
을 따르도록 강요한다. 자신들의 가상적 가치를 지키기 위해 현실에서
실제로 자신의 목숨을 걸고 자살 테러를 하는 사례도 있다.

이처럼 가상성은 단순히 가상적 세계에만 그치는 것이 아니라 실제
현실 세계에서 그 구성원이 순교할 정도의 강력한 영향을 미치고 있다.
가상성과 가상의 세계는 인간만이 가지는 독특한 상상력으로 만들어진
것이며, 이는 인간이 존재하고 소멸하는 순간까지 꾸준히 시도될 것이
다. 이처럼 인간 본연의 특징으로 탄생하게 된 것이 메타버스다. 즉 메
타버스는 역사적으로 항상 인간들이 가지고 있었던 상상의 관념을 현
실에서 끊임없는 구현하는 반복의 과정에서 새로운 환경과 새롭게 진

보된 기술들의 결합으로 탄생한 결과물이다.

이러한 메타버스의 가상성은 구체적인 가상 세계를 구축한다. 그래서 가상 세계에서 가상공간이 중요하다. 가상공간은 현대의 메타버스 기술로 좀 더 구체적으로 구축되지만 역사 속에서 이미 가상공간은 존재해왔다.

메타버스는 가상적 개념이지만 그 안에서 구현되는 '공간'은 매우 구체적이고 건축학적으로도 거의 완벽한 수준이다. 비록 가상 세계의 공간이지만 이 공간이 만들어지려면 '어떻게 무엇을 만들어야 할까?'라는 콘셉트와 구체적인 도시 건축적 설계가 필요하다. 가상의 세계이지만 현실과 같은 공간을 만들기 위해서는 실제와 다를 바 없는 작업이 모두 진행된다. 공간의 개념, 공간의 프로그램, 그리고 특정한 재료와 구조적 특징은 물론이고 역사 속 어느 시대의 특정한 건축 스타일을 따르는 가상공간의 경우에는 역사적인 고증도 필요하다. 이렇듯 가상공간을 완벽하게 만들려면 공간의 성격과 크기 등 공간 설계의 구체성이 고려되어야 한다. 그래서 메타버스의 공간을 만드는 일은 흥미롭게도 실제로 우리가 생활하는 집, 건축, 도시를 만드는 일과 매우 흡사하다.

이 책에서는 우리 인류의 역사를 통해서 이루어진 이러한 가상성의 개념과 각 시대별로 실제 구현된 여러 형태의 가상공간을 인문학적, 건축학적으로 살펴본다. 또한 우리는 이러한 거대한 지적 호기심을 바탕으로 과거에 존재했던 가상적 개념과 가상공간을 추적하고, 이 시대별 가상 세계를 여러 시각으로 비교하면서 우리의 현재와 미래의 가상성과 가상적 현실 그리고 최근에 새로운 이름으로 불리는 메타버스의 미래를 유추해본다.

　메타버스와 같은 새로운 개념의 출현을 바라보면서 "새로운 세계의 출현이란 과연 무엇인가?", "진정한 의미의 새로운 창조는 무엇이며, 그것은 정말 존재할까?"라는 원론적 질문도 던져본다. 고대부터 현대까지 인간은 본연의 생물학적 한계와 기술적, 공간적 한계 안에서 늘 최선의 가상 세계를 만들어왔다. 시대를 초월해 가상 세계를 만들어낸 역사 속의 메타버스적 생각과 개념 그리고 실현화된 가상의 세계를 이해한다면 다가오는 미래의 세계 또한 얼마든지 훌륭하게 대비할 것이다. 또한 여러 분야의 새로운 혁신적 기술의 출현, 새로운 철학과 관념의 출현, 그리고 그것에 맞는 새로운 정치 경제적 시스템 등으로 구성된 환경을 보면서 우리는 미래의 메타버스를 설계할 수 있을 것이다.

　마지막으로 메타버스의 연대기적 성격을 가지고 있지만 최근에 대두되는 AI, 챗GPT가 메타버스와 필연적으로 결합해 나타나는 융합된 미래에 대한 예측 내용을 포함하고 있다. AI, 챗GPT는 자연어 처리와 생성 기술을 통해 인간과 기계의 상호작용을 개선하며, 메타버스는 가상 현실과 현실 세계의 경계를 허물어 새로운 경험과 상호작용을 제공한다. 이것이 융합된 미래에서는 AI, 챗GPT가 메타버스 내에서 인간들과 자연스러운 대화와 협업을 가능하게 하며, 가상공간에서 인간의 의도와 요구를 이해하고 실시간으로 반응할 수 있는 기능을 갖출 것으로 기대된다. 이는 인간들이 메타버스에서 보다 풍부하고 현실적인 경험을 하게 하며, 인공지능과 가상 현실의 융합이 창의성과 혁신을 더욱 촉진하는 환경을 제공할 것이다. 또한, AI, 챗GPT와 메타버스의 융합은 사회적 상호작용과 경제 생태계에도 큰 영향을 미칠 것으로 예상된다. 인간들은 가상공간에서 상품 및 서비스를 구매하고 제공하는데, 이는 새로운 비즈니스 모델과 경제적 기회를 창출하며, 글로벌 네트워크와 상호연결성을 강화할 수 있다.

구체적으로는 메타버스 내에서 챗GPT가 탑재된 아바타를 통한 새로운 관계 네트워크의 등장으로 실존적인 인간이 소외되는 극단적인 상황까지도 상상해 볼 수 있다. 또한 챗GPT가 탑재된 아바타를 기반으로 인류가 소망하는 이상적인 유토피아, 즉 메타버스 안에서 우주 생태계처럼 다양한 유토피아가 탄생과 소멸을 반복하는 세계에서 살아갈 수 있다는 제언을 담았다.

이 책은 어떤 특정한 이론적 결과물을 내는 것을 목적하지 않는다. 이 책은 인류 문명에 내포된 창조의 순환적 메커니즘을 이해하고, 오랜 창조의 역사를 인문학적, 기술적으로 탐구하는 기회를 제공하려 한다. 또한 이러한 이해를 바탕으로 현재의 엄청난 기술적 진보의 환경에서 미래의 새로운 메타버스를 창조하는 데 이 책이 새로운 담론의 시작점이 되기를 기대한다.

차례

Chapter 1 ; 과거

Chapter 2 ; 메타버스의 이론과 지식

Chapter 3 ; 현재

Chapter 4 : 미래

Chapter 1

과거

Past

단테, 인류 최초로 사후 세계 가상공간을 디자인하다

"Lasciate ogni speranza, voi ch'entrate"

단테의 《신곡》에 나오는 지옥문에 새겨진 글귀로, "여기에 들어오는 자, 모든 희망을 버려라"라는 의미를 담고 있다. 이 표현대로라면, 모든 희망이 사라지고 고통과 절망만이 가득한 곳이 지옥일 테니 꿈에서도 마주하고 싶지 않은 광경이다.

이런 두려움에도 불구하고 인류는 끊임없이 지옥을 비롯한 사후 세계를 궁금해하고 상상해왔다. 아마도 현실을 초월한 상상의 세계 중 사람들이 가장 궁금해하는 곳이 바로 '사후 세계'일 것이다. 사후 세계는 상상 속 이야기로만 전해질 뿐, 살아 있는 그 누구도 직접 경험하지 못한 죽음 너머의 세상이다. 그리고 모든 인간이 죽음에 이르러 최종적으로 종착할 곳이기도 하다.

인류 최대의 관심사를 해결하기 위해 각 시대의 내로라는 천재들은 문학이나 미술, 인문학, 과학, 기술 등 다양한 방식으로 그들이 상상하고 해석한 사후 세계를 창조했다. 그중에서도 특히 《성경》에서 묘사된 사후 세계는 천국, 연옥, 지옥이라는 구체적인 모습으로 드러났는데, 인류 역사상 가장 강력하고 생생한 가상성(virtuality)을 내포하고 있다.

《성경》에서 묘사되는 사후 세계 역시 여느 신화적 스토리들처럼 원래는 구전으로 전해오다가 글로 옮겨져 책으로 정리되었다. 이후 각 시대의 천재들이 재능과 상상력을 동원해 《성경》에서 묘사된 천국, 연옥, 지옥의 사후 세계를 글, 그림, 공간 등 다양한 형태로 꾸준히 재현했다. 더불어 자신의 창조물을 매개로 당대와 후대의 사람들에게 사후 세계와 기독교적 메시지를 전달함으로써 교감과 소통을 이어왔다.

《신곡》에 숨겨진 단테 코드

단테가 1308년~1321년에 저술한 《신곡(神曲, La Divina Commedia)》은 사후 세계의 여행을 주제로 한 서사시다. 지옥·연옥·천국편의 각 33곡과 서곡을 포함해 총 100곡으로 이루어진 이 서사시는 하나님의 섭리와 구원, 이를 대하는 인간의 자유의지 문제를 중심으로 서구의 기독교 문명을 집대성한 문학 작품이다.

작가와 같은 이름의 여행자 단테는 베르길리우스, 베아트리체, 베르나르두스의 안내를 따라 지옥 - 연옥 - 천국으로 여행한다. 단테는 그곳에서 신화와 역사 속에 나오는 수백 명의 인물을 만나고, 기독교 신앙에 바탕을 둔 죄와 벌, 기다림과 구원에 관한 철학적·윤리적 견해를 나눈다. 이러한 내용은 중세 시대의 신학적 세계관과 천문학적 세계관을 광범위하게 전하고 있다.

단테는 이 책을 통해 천국, 연옥, 지옥의 사후 세계를 구체적으로 묘사했다. 오랜 시간을 지나오며 탄생한 수많은 결과물 중에서도 단테의 《신곡》에서 그려진 사후 세계는 단연 최고였다. 단테의 천재적 상상력과 공간적 기획력으로 탄생한 가상공간은 이전 창조물들과는 확연하게 차별될 정도로 정교하고 생생했다. 천국, 연옥, 지옥 등으로 이루어진 사후 세계를 각각 동떨어져 존재하는 공간으로 묘사했던 과거와는 달리, 《신곡》은 이들을 모두 하나의 유기체로 연결해놓았다. 덕분에 사람들은 자신들이 마주하게 될 사후 세계의 이미지를 거의 완벽할 정도로 시각화하고 공간적으로도 이해하게 되었다.

단테가 묘사한 사후 세계는 단지 언어적인 표현만 정교해진 것이 아니었다. 놀랍게도 단테는 가상적 사후 공간을 묘사하며 건축가가 공간을 설계할 때 필요한 모든 중요한 요소를 고려했다. 공간이 가져야할 기하학적 특성, 스케일, 건축 재료, 구조적 특성, 공간 프로그램의 구분, 순환의 동선까지 거의 모든 요소를 완벽에 가까울 정도로 반영한 것이다.

다음 그림은 단테가 《신곡》에서 표현한 세 가지 사후 세계인 천국, 연옥, 지옥의 마스터플랜이다. 그림에서도 알 수 있듯이 천국, 연옥, 지옥의 세계는 완벽하게 독립적으로 기능을 수행하면서 동시에 다른 세계로 가는 통로로 연결되어 있다. 단순히 단테의 상상력만을 바탕으로 만들어진 것이 아니다. 그의 천재적인 상상력과 더불어 당시의 천문학

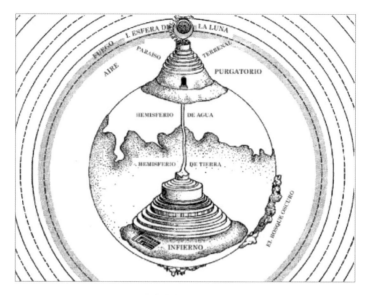

단테의 《신곡》 속 천국, 연옥, 지옥의 마스터플랜

적 지식이 동원되었다.

　이 세 가지의 사후 세계는 지속적으로 순환하는 시스템을 갖추었다. 지옥과 연옥을 원뿔형 공간으로 묘사하고, 원뿔의 기하학적 특성을 활용해 각 공간이 단계적이고도 순환적으로 다른 공간으로 이어지게 만들었다. 즉, 원뿔의 기하학적 구조를 통해 각 공간이 공간 프로그램을 독립적으로 유지하면서 자연스럽게 다음 단계로 이어지도록 했다.

　단테는 작품 속 정교한 공간 디자인을 통해 세 가지의 사후 세계가 어떻게 연결되고, 천국, 연옥, 지옥이라는 세 가지의 다른 공간적 프로그램이 어떻게 배치되는지 그 관계를 구성해냈다. 심지어 이 가상의 사후 세계와 현존 세계인 지구와의 관계까지 만들어냈다.

이는 단테 개인의 천재적인 재능을 넘어 인류에게도 큰 변화를 가져오는 의미 있는 일이었다. 그동안 막연히 상상 속에서만 존재했던 사후 세계의 가상적 공간이 인류 역사상 처음으로 실체적 공간으로 펼쳐진 것이다. 이를 통해 인류에게 사후 세계에 관한 더욱 구체적인 시각과 공간적 경험의 토대를 제공하기 시작했다.

그뿐만이 아니다. 단테가 새롭게 탄생시킨 사후 세계의 이미지는 이후 인류 역사에서 묘사된 모든 사후 세계의 모델이 되었다. 심지어 미켈란젤로도 최고 걸작으로 꼽히는 〈최후의 심판〉을 그릴 때 단테의 《신곡》에서 묘사된 지옥과 천국을 참고했다. 고전 문학이나 현대 소설, 〈다빈치 코드〉(The Da Vinci Code, 2006)와 〈인페르노〉(Inferno, 2016) 등의 영화에서도 단테의 《신곡》을 기초해 사후 세계를 묘사했다.

단테는 왜 공간에 주목했나?

현실에서 일어나는 모든 사건은 순간의 멈춤이 아닌 일정한 시간 동안 연속으로 벌어진다. 즉, 모든 사건은 동영상이나 영화처럼 하나의 스토리가 일정한 시간을 두고 연속적으로 일어난다. 그래서 그림이나 사진과 같은 정적인 표현물은 스토리의 연속성을 표현하는 데 분명한 한계가 있다. 한 폭의 그림 속에 스토리의 연속성을 담을 수 없기에 화가는 가장 대표적이고 극적인 순간을 포착해 표현한다. 대부분의 그림이나 벽화가 사건 그 자체의 순간적 찰나에 집중하는 것도 이런 이유에서다.

이렇듯 사건에 집중한 그림은 그 안에 담긴 메시지를 강렬하게 전달하는 힘이 있으나, 사건 전체의 맥락과 구조, 사건이 벌어진 배경인 공간을 표현하는 데는 매우 제한적이다. 특히 최고의 가상공간이라 할 수 있는 사후 세계를 창조하는 데는 더더욱 그 한계가 분명하다. 화가는 한 폭의 그림에 특정 사건을 극적으로 표현해 메시지를 전달하는 것에 주력했기에 사건의 배경이 되는 공간의 종합적인 이해나 표현, 나아가 공학적 분석은 중요한 고민의 대상이 아니었다. 이런 이유로 그 누구도 천국, 연옥, 지옥 등의 가상공간을 종합적으로 이해하고 분석해 작품에 표현하려고 시도하지 않았다.

하지만 단테는 달랐다. 그는 작품에 사후 세계를 표현하기 위해 먼저 공간을 연구했다. "천국, 연옥, 지옥이라는 가상의 공간들은 얼마나 클까?", "어떤 형태로 생겼을까?", "이 공간들은 어떤 식으로 서로 연결되어 있을까?" 등 수많은 질문을 던졌고, 당대의 모든 학문을 동원해 답을 찾아갔다.

단테는 왜 이토록 사후 세계의 공간을 완벽하게 디자인하려 했던 것일까?《신곡》을 자세히 살펴보면 사후 세계의 공간을 공학적으로 디자인해야 하는 중요한 이유를 찾을 수 있다.《신곡》의 주인공인 여행자가 바로 그 자신인 단테이기 때문이다. 여행자가 사후 세계를 여행하는 설정을 세우려면 결국 실질적인 공간이 필요하다. 자신이 사후 세계의 공간을 직접 이동하고 움직이면서 보고 경험한 것들을 구체적으로 묘사해야 하므로 모든 공간의 형태와 구조, 크기, 재료 등이 정확하게 분석되어야 했다.

일반적으로 회화나 벽화에서 표현되는 가상 세계는 창조자가 단순

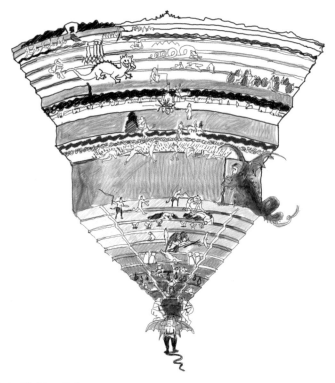

단테의 지옥 구조 상세도

한 관찰자에 그친다. 화가는 특정 사건을 관찰하면서 그중 하나의 순간을 포착해 그림에 담아내는 것이다. 그런데 《신곡》의 경우에는 단테 자신이 여행자가 되어 천국, 연옥, 지옥으로 여행해야 하니 단순한 관찰자로 머물 수 없다. 작품 속에서 단테는 사후 세계라는 가상의 공간을 직접 경험하고 체험하는 참여자여야 했다.

이런 이유로 단테는 공간의 구조는 물론이고 재료, 공간의 프로그램, 동선 등 공간을 디자인하는 데 필요한 거의 모든 요소를 연구했다. 마침내 그의 여행 스토리《신곡》을 담기 위한 가상의 거대한 공간 무대를 완벽하게 디자인할 수 있었다. 사실 이는 단순한 가상의 공간 무대를 뛰어넘는, 가상성을 토대로 공학적인 디자인까지 갖춘 하나의 완벽한 공간적 기계(machine)라고 할 수 있다. 그래서《신곡》의 탄생은 인류 역사상 사후 세계라는, 인류가 가장 관심을 갖는 가상성의 공간을 공학적으로 설계한 역사적인 사건이다. 사후 세계라는 가상성이 가득한 공간을 마치 실제 현실에 구현해낼 정도의 구체적인 사후 세계의 토폴로지(topology) 공간 모델을 제공한 것이다.

단테가 창조한 사후 세계는 어떤 공간일까?

단테의 지옥

지옥은 죄의 종류와 무게에 따라 아홉 단계로 이루어져 있고, 모든 단계는 층으로 구분된다. 지옥은 전체적으로 역피라미드의 원뿔형 구조이며, 각 단계는 원형 구조로 되어 있다. 9개의 층에서는 각각의 공간적 프로그램에 충실하고자 음욕, 식탐, 탐욕, 폭력, 사기 등 죄의 종류와 무게에 따라 아주 명확하게 카테고리화했다.

좀 더 구체적으로 살펴보면, 1층은 지옥의 한 부분이긴 하지만 죄를 짓지 않은 사람들이 있는 곳이다. 그곳은 그리스신화에 나오는 엘리시온 같은 풀밭이 펼쳐져 있다. 2층 음욕 지옥은 크레타섬의 전설적인 왕 미노스가 지키는 곳으로 폭풍이 휘몰아치고 있다. 3층 식탐 지옥은 머리가 세 개 달린 짐승인 케르베로스가 지키는 곳으로, 죄를 지은 사람들은 악취가 나는 차가운 비를 맞으며 더러운 흙탕물에 누워 신음한다. 4층은 탐욕 지옥으로 로마신화에서 부와 풍요의 신인 플루토스가 늑대의 모습을 한 채 지키고 있다. 이곳의 사람들은 자신의 재산을 상징하는 짐을 굴리는 형벌을 받으며 서로 밀고 싸우는 것을 반복한다.

5층은 분노 지옥으로, 지옥에 흐르는 스틱스강 주변의 흙탕물에서 사람들은 서로를 물어뜯으며 강 밑에서 허우적거린다. 6층부터는 지옥의 하부인데, 악의적으로 남에게 피해를 준 사람들이 죄악의 정도에 따라 각기 다른 뜨거운 무덤 속에서 신음하고 있다. 7층 폭력 지옥은 붉은 피의 강물로 들끓고 있는 플레제톤강이 있고 불덩이가 쉴 없이 쏟아진다. 8층 사기 지옥은 말레볼제(malebolge)라는 사악한 구덩이가 있고, 사기죄를 지은 사람들이 열 겹의 구덩이에서 열 가지의 벌을 받고 있다. 마지막으로 9층 배신 지옥은 지옥의 가장 깊숙한 곳으로 루시퍼가 머물고 있다. 지옥의 강이 마지막으로 고이는 코키투스라는 얼음 호수에서 배신자들은 차가운 얼음 속에 처박혀 고통에 신음한다.

단테가 《신곡》에서 묘사한 지옥은 현재까지도 많은 문학, 예술, 영화 작품 등에서 지옥을 표현할 때 중요한 자료로 활용될 정도로 매우 정교하게 설계되어 있다. 단테의 공간은 원뿔의 기하학을 사용해 그가 구성한 사후 세계의 크기를 측정할 수 있다. 그가 묘사한 지옥의 공간들은 지구와 대기라고 하는 대지, 즉 사이트를 전제로 설계되어 있다. 이러한 한계적 설정이 단테가 지옥을 더욱 정교하게 설계할 수 있는 근간을 마련해준다.

그뿐만이 아니다. 단테는 사후의 가상 세계를 디자인하면서 '지구'라는 한계성을 가진 사이트를 설정함으로써 가상공간을 건축학적으로 접근했다. 세 가지의 거대한 공간적 프로그램인 천국, 연옥, 지옥 안에서 각각의 공간에 맞는 세부적 프로그램과 연결 공간 등이 치밀하게 디자인되었다. 그리고 원뿔형 기하학을 통해 형성되는 순환적 시스템에 스파이럴 구조(spiral structure)로 이루어진 링 형태의 스텝(step)을 구성해, 자연스럽게 순환되는 공간과 동선을 만들어냈다. 여기에는 각각의 스텝으로 이루어진 링의 층에서 자연스럽게 다른 단계의 지옥이 형성되어 각 단계에서 완벽하게 다른 형태의 기능을 수행하도록 분리했다. 또 원뿔의 꼭짓점에서 시작해 점점 더 커지는 공간 스케일의 점진적 확장성까지 확보했다. 이는 사후 세계로 오는 후대의 모든 인간을 거의 무한으로 수용할 수 있음을 상징하는 공간적 설정으로 해석할 수 있다.

　이처럼 단테는 원뿔의 기하학을 사후 세계의 디자인에 채택함으로써 지속적인 연결성, 순환적 동선의 시스템, 단계별 공간의 확장성, 무한 확장의 가능성 등 사후 세계에서 일어날 수 있는 모든 가능성의 이야기를 담을 수 있는 공간을 완벽하게 해결했다. 게다가 이 원뿔들이 연결되어 공존하는 천국, 연옥, 지옥이라는 세 가지 사후 세계를 매우 훌륭하게 구성했다. 이를 통해 단테가 건축과 공학에도 놀라운 수준의 전문 지식을 갖췄다는 사실을 짐작할 수 있다. 특히 그가 지옥과 연옥의 구조로 활용한 스파이럴 동선의 공간은 20세기 건축의 대가인 프랭크 로이드 라이트가 설계한 뉴욕의 구겐하임 뮤지엄이나, 뉴욕 허드슨 야드에 건축된 토마스 헤더위크의 베슬(vessel)을 연상시킬 정도로 구

뉴욕 허드슨 야드   구겐하임 미술관

체적으로 묘사되었다.

단테의 연옥

연옥은 지옥에 갈 정도로 큰 죄를 짓지는 않았지만 그렇다고 천국에 갈 수준도 아닌 영혼들이 머무는 곳이다. 거기서 자신의 죄를 모두 정화하면 마침내 천국에 이를 수 있다. 연옥에서도 단테의 뛰어난 도식화 능력을 엿볼 수 있다. 연옥도 지옥과 마찬가지로 원뿔 형태의 구조로 완벽한 기하학을 사용했다. 그런데 연옥은 지옥과는 달리 하늘로 향하는 높은 산의 형태를 띠고 있다. 지옥의 가장 깊은 곳에서 지구 반대편으로 나오면 연옥의 입구에 다다르게 된다.

    연옥은 총 일곱 층의 관으로 둘러싸여 있다. 한 층씩 올라가면서 교만, 질투, 분노, 나태, 탐욕, 탐식, 방탕의 죄를 씻는 공간이다. 이러한

모든 단계적 스토리와 천국과 지옥의 경계에 존재하는 상상적 과정을 단테는 하나의 완벽한 건축적 시스템으로 완성했다.

단테는 각각의 경계를 거치면 하나의 꼭짓점으로 모여 다른 단계로 갈 수 있도록 연옥을 도식화했다. 그리고 이러한 점들을 연결해 지옥에서 연옥으로, 연옥에서 천국으로 갈 수 있는 완벽한 기하학 채널을 디자인했다. 이렇듯 단테는 기독교 세계의 모든 종교적 과정을 그만의 완벽한 가상적 세계에 담아냈다. 이는 인류가 시도한 대범한 작업 중 하나이며, 사람들이 지옥, 천국, 연옥을 구체적인 공간으로 생각할 수 있게 만든 또 하나의 메타버스다.

단테의 천국

《신곡》에서 천국은 좀 더 도식적이고 체계적으로 묘사된다. 작품 속에 그려진 천국은 당시 가톨릭의 공식 우주관인 프톨레마이오스의 이론에 따라 아홉 개의 하늘로 이루어져 있다. 지구를 중심으로 투명한 아홉 개의 공이 겹겹이 둘러싸고 서로 다른 속도로 회전하는 모습이다.

원뿔형 구조인 지옥이나 연옥과는 달리 천국은 원형 구조로 되어 있다. 이 원형적 구조는 공정과 민주, 평등을 상징한다. 아서왕의 '원탁의 기사'에서 원탁에서 왕을 포함한 모든 기사가 그들의 의견을 민주적으로 개진할 수 있었던 것과 유사하다. 즉, 원형의 천국에서는 하나님을 제외한 모든 인간이 평등하다.

연옥에서 표현된 원뿔형 구조는 기하학적 특성상 원뿔의 꼭짓점에서 다시 시작해 천국인 원형의 공간 안에서 점점 확장해간다. 연옥에서 자신의 죄를 모두 씻은 영혼들이 천국으로 들어갈 수 있도록 원뿔의 꼭짓점에서 다시 시작해 원으로 이어지게 한 것이다. 원의 크기 또한 점점 커져서 결국 무한대로 커지는 구조다. 이런 구조학적 가능성은 영원불멸함과 영원한 순환적 개념을 담고 있기도 하다. 최상의 종착은 천국이고 최악의 종착은 지옥임을 완벽한 원뿔과 원형의 기하학적 도식으로 설명하고 있다.

이렇게 단테는 인류 최대의 가상성의 세계인 사후 세계를 천국, 연옥, 지옥으로 이루어진 정교한 공간의 오가니즘으로 창조해냈다. 또한 이 세 개의 공간이 서로 유기적으로 연결되고 순환될 수 있도록 기하학을 활용했다.

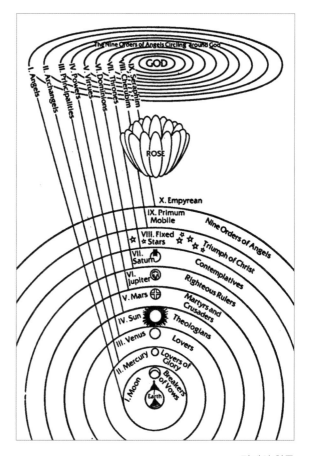

단테의 천국

　단테의 《신곡》은 인류가 사후 세계의 세 가지 세상을 시각적, 공간
적으로 인지하고 이해하기 시작한 중요한 전환점이 되었다. 단테는 인
류 최초로 사후 세계의 마스터플랜을 완벽하게 구상했고, 이를 통해 천
국, 연옥, 지옥을 공간으로 사유할 수 있게 하는 메타버스를 구현했다.

미켈란젤로,
증강현실에 도전하다

로마에 가면 꼭 들러야 할 곳 중 하나가 시스티나성당(Cappella Sistina)
이다. 시스티나성당은 교황 식스투스 4세가 1473년부터 1481년까지 8
년에 걸쳐 건립한 곳으로, 세계의 추기경들이 모여 새로운 교황을 선
출하고, 교황의 주요 의식을 거행하는 신성한 장소로 알려져 있다. 이
런 역사적인 의미 외에도 관광객들이 시스티나성당을 찾는 데는 더욱
특별한 이유가 있다.

로마를 여행하며 시스티나성당을 꼭 들러야 할 곳으로 꼽는 것은
미켈란젤로의 최대 걸작인 〈최후의 심판〉과 〈천지창조〉가 있기 때문
이다. 높이가 13.20m, 길이가 40.93m에 달하는 시스티나성당의 거대
한 벽과 천장에는 르네상스 시대의 거장 미켈란젤로, 페루지노, 보티첼
리 등이 그린 프레스코화가 있다. 성당 측면 벽에 그려진 12개의 그림
은 각각 모세와 그리스도의 일생을 묘사했다. 성당 중앙의 제단 벽에는

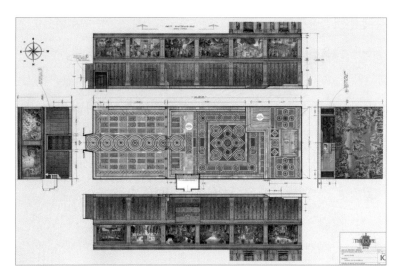

시스티나성당의 벽화 배치도

미켈란젤로의 〈최후의 심판〉이, 천장에는 〈천지창조〉가 그려져 있다.

당시 조각가로 유명했던 미켈란젤로는 교황 율리우스 2세의 요청으로 1508년부터 1512년까지 4년여에 걸쳐 천장화 〈천지창조〉를 완성했다. 이 그림에는 '빛과 어둠의 창조', '해와 달과 땅의 창조', '땅과 물의 분리' 등 창세기의 주요 아홉 장면이 담겨 있다. 그로부터 20여 년이 지난 1535년에 미켈란젤로는 교황 파울루스 3세의 요청으로 6년에 걸쳐 시스티나성당의 벽에 〈최후의 심판〉을 그렸다.

미켈란젤로가 창조한 〈최후의 심판〉

시스티나성당을 비롯한 수많은 종교적 건축물에 그려진 벽화와 천장화

중에서 미켈란젤로의 〈최후의 심판〉과 〈천지창조〉가 단연 최고로 손꼽히는 이유는 무엇일까? 무엇보다 인류 최대의 관심사 중 하나인 사후 세계를 너무나도 생생하게 그려낸 것을 들 수 있다. 미켈란젤로는 인류가 《성경》을 통해 상상으로만 경험한 신비한 이야기들, 특히 최고의 장면이라 할 수 있는 최후의 심판이 펼쳐지는 순간과 그 이후 벌어질 지옥과 천국의 사후 세계를 자신만의 해석을 보태 상상력으로 마치 눈앞에서 보듯 역동적이고 상세하게 표현했다.

이전까지 사후 세계는 작가들의 상상력으로 묘사한 텍스트로만 존재해왔다. 미켈란젤로의 천재적 상상력으로 탄생한 〈천지창조〉와 〈최후의 심판〉을 관람한 이후로 사람들은 마침내 천국의 구체적인 모습을 볼 수 있게 되었다. 더불어 천국의 기쁨, 지옥의 고통, 예수님과 하나님의 모습을 보면서 사람들은 《성경》이 전하는 메시지에 더욱 깊이 공감하게 되었다.

미켈란젤로는 〈최후의 심판〉을 표현하며 단테의 《신곡》을 중요한 자료로 활용했다. 물론 두 천재의 표현 방식은 매우 달랐다. 단테는 천국, 연옥, 지옥의 공간을 거시적 시각으로 그랜드 디자인을 했다면, 미켈란젤로는 미시적 시각으로 접근하며 더욱 생생하게 재현했다. 즉, 미켈란젤로는 단테의 《신곡》을 참고하되 이를 회화라는 기법을 활용해 다른 버전으로 재창조한 것이다.

미켈란젤로는 중세 교회 예술의 중요한 주제 중 하나인 〈최후의 심판〉을 벽화로 창조하며 이야기가 펼쳐지는 공간을 크게 천상계, 튜바 부는 천사들, 죽은 자들의 부활, 승천하는 자들, 지옥으로 끌려가는 무

시스티나성당의 천장화와 벽화 전경

리와 같이 다섯 개 부분으로 나누었다. 《신곡》에서는 단테가 역사 속 주요 인물들을 평가해 지옥, 연옥, 천국에 각각의 위치를 매겼다. 반면, 미켈란젤로는 심판자 그리스도를 중심으로 천상의 세계에서 지옥의 세계로 차례를 매겨나가는 것으로 이를 시각화했다.

미켈란젤로는 《성경》의 내용을 자신만의 해석과 상상력으로 시스티나성당의 공간에 맞게 구상하고 기획했다. 중앙에 있는 그리스도의 모습도 이전까지 흔히 그려지던 모습과는 사뭇 다르다. 수염도 나지 않은 젊고 당당한 나체의 남성으로 파격적으로 표현되었다. 그 곁에는 성모마리아가 앉아 아래에 있는 인류를 부드러운 눈빛으로 내려다보고 있다. 두 사람 주위를 성자들이 거의 원형으로 둘러싸듯 서 있다. 여기는 천사에 가까운 성자들의 세계다. 그 주변에서 죽은 자들이 살아나 천상으로 올라가거나 지옥으로 떨어지는 모습을 표현했다.

미켈란젤로의 〈최후의 심판〉

　그뿐만이 아니다. 미켈란젤로는 《성경》에 나오는 인물들의 행동과 표정을 동서고금을 막론하고 가장 섬세하고 생생하게 표현한 것으로도 유명하다. 167.14㎡의 벽면에 그려진 〈최후의 심판〉에는 모두 391명의 인물상이 있으며, 이들은 제각각 인간이 취할 수 있는 모든 표정과 행동을 보여주고 있다. 게다가 지옥에서 신음하는 이들의 고통이 생생하게 느껴질 정도로 매우 구체적이고 섬세하게 표현되어 있다. 덕분에 과거에 이어 현재까지도 많은 관람객이 〈최후의 심판〉과 〈천지창

미켈란젤로의 〈천지창조〉

조〉를 보면서 미켈란젤로가 창조한 가상의 세계에 몰입하며 간접 경험을 하고 있다.

미켈란젤로는 〈천지창조〉를 그릴 때 건축적 구조에 의해서 만들어진 여백의 공간을 매우 잘 활용했다. 《성경》에서 나타나는 여러 장면을 마치 콜라주처럼 편집하고, 관람하는 이의 동선까지 고려해 그림을 배치했다. 관람자가 동선을 따라 벽화를 보면 마치 미켈란젤로가 치밀하게 기획해놓은 가상의 공간에서 《성경》 속 여러 사건에 함께 참여하는 듯한 생생한 경험을 하게 된다. 이는 미켈란젤로가 창조한 가상의 세계를 당시의 아날로그적 방식으로 로그인하여 경험하는 것이라고 할 수 있다.

이렇듯 미켈란젤로의 〈최후의 심판〉과 〈천지창조〉는 그 시대에 가상의 세계를 창조하기 위해 만들어진 최고의 결과물이었다. 미켈란젤로는 단테의 《신곡》을 바탕으로 최고의 상상력을 발휘하고, 이를 회화로 표현하는 묘사적 기술력을 가지고 물감과 연필 등의 재료를 활용해 당시 구현할 수 있는 가장 완벽한 버추얼 리얼리티를 탄생시킨 것이다.

〈천지창조〉 그림 세부 '해와 달과 땅의 창조'

〈천지창조〉 그림 세부 '아담의 창조'

치밀한 계산으로 구현된 증강현실

미켈란젤로의 시스티나성당의 벽화는 오늘날의 메타버스 기술과도 큰 연결점이 있다. 미켈란젤로의 벽화와 천장화를 보면 놀랍게도 현대 디지털 시대에 주목받는 기술 중 하나인 '증강현실'의 기술적 시도가 보인다. 증강현실(AR, Augmented Reality)은 실제로 존재하는 환경에 가상의 사물이나 정보를 디지털로 합성해 원래의 환경에 존재하는 것처럼 보이게 하는 융합적 방식이다. 시스티나성당의 경우는 성당이라는 실재하는 물리적 공간에 미켈란젤로의 벽화와 천장화에 그려진 가상적 세계와 공간이 융합됨으로써 새로운 차원의 융합 공간이 탄생하는 증강현실을 구현한 것으로 해석될 수 있다.

미켈란젤로는 성당 공간의 물리적 환경 안에서 자신이 창조하려는 가상의 세계와 등장인물들, 사물들을 결합하기 위해 매우 다양한 요소를 살피고 분석했다. 건축적으로 계획된 동선, 공간의 크기, 벽의 크기와 모양, 천장의 크기와 모양 등 성당 공간의 모든 물리적 제한과 요소들을 분석하고 고려했다. 이러한 분석을 토대로 어느 곳에 어떤 그림이 그려져야 하는지, 어떻게 배치되어야 하는지 등을 치밀하게 계산하면서 벽화와 천장화를 창조했다.

이러한 일련의 과정을 거쳐서 미켈란젤로의 벽화와 천장화가 완성될 무렵에는 성당이라는 건물이 가지고 있는 실제의 물리적 물성은 점점 사라지고 오직 건물의 기능적 요소인 동선과 공간의 크기와 형태만 남는다. 그리고 그 자리에 그의 벽화와 천장화를 통해 가상적 물성이

입혀진다. 즉, 실제로 존재하는 건축적 공간의 스케일과 공간의 성질은 미켈란젤로가 만들어낸 가상적 스케일과 가상적 공간을 통해 원래의 성질은 잃어버리게 된다. 게다가 이런 가상적 공간은 실재의 공간이 갖는 크기나 구조 등을 초월한 무한의 스케일로도 확장될 수 있다.

관람자들은 성당에 들어서는 순간 벽화들로 완전히 둘러싸인다. 이는 곧 가상현실의 공간에 둘러싸이는 것을 의미한다. 크기, 구조, 재료 등 물리적으로 제한된 현실의 건축물이 가상공간으로서의 크기, 구조, 재료 등의 성격으로 전환되는 것이다. 이로써 관람자는 실재하는 공간과는 완전히 다른 차원의 가상현실의 공간 안에서 가상의 스토리를 경험하게 된다. 돌로 만들어진 벽은 초원이 되거나 물가가 되기도 하며, 천장은 우주의 대기가 되기도 한다. 즉 원래의 물성이 가상적 물성과 만나 증강현실 차원의 물성으로 변모하는 것이다.

시스티나성당이라는 완벽한 물리적 공간에 미켈란젤로의 천재적 능력으로 창조된 《성경》의 스토리가 융합됨으로써 이전과는 전혀 다른, 새로운 가상현실의 세계와 공간이 창조되었다는 것은 메타버스의 미래를 설계할 때 중요한 시사점을 제공한다. 현실에서 실재하는 공간의 구조와 크기 등 물리적 특성, 그리고 공간이 갖는 고유의 스토리를 효과적으로 활용한다면 가상 세계로의 몰입 속도를 높이고, 가상 세계의 공간 활용도 다양한 방식으로 구현된다. 그 결과 참여자가 마치 그 안에서 함께 존재하고 활동하는 것처럼 느끼는 최고의 가상현실이 펼쳐질 수 있다.

증강현실로 로그인을 설계하다

미켈란젤로의 천재성은 그가 창조한 그림 자체의 예술적 완성도에만 머무는 것이 아니라 시스티나성당의 벽화와 천장화를 통해 관람자들이 자신이 창조한 가상의 세계에 접속해 마치 현실에서 벌어지는 일처럼 생생하게 경험하도록 설계했다. 앞선 설명처럼 가상 세계 속에서 시스티나성당이 원래 물리적 공간의 스케일과 성질을 잃는다고 해서 성당이라는 공간 자체의 의미가 사라지는 것은 아니다. 오히려 시스티나성당 자체의 물리적 요소는 사람들이 미켈란젤로가 창조한 가상의 세계를 경험하도록 만드는 중요한 매개체 역할을 한다. 결국 성당의 물리적 공간은 현대의 고글이나 구글 안경처럼 가상현실에 로그인하기 위한 보조 장치인 최첨단 디지털 매체의 역할을 하는 것이다.

미켈란젤로는 시스티나성당의 물리적 크기와 구조, 그곳에 그려진 벽화의 크고 작음을 조절해 증강현실을 설계했다. 증강현실의 요소들은 자신이 창조한 가상적 공간에 관람자가 더 빨리 몰입하고 접속하도록 만드는 장치로 활용했다. 즉, 증강현실은 관람자를 특정한 포인트로 이끌어주고 움직이게 하면서, 어느 시점에서는 관람자를 정지시켜 가상 세계의 향연에 몰입해 로그인하게 만드는 최고의 장치였다.

로그인이 된 관람자는 미켈란젤로가 창조한 가상 세계 속 일부가 된다. 아날로그적 방식의 접속이 일어나는 것이다. 이후 관람자들은 미켈란젤로가 탄생시킨 기독교적 가상 세계를 경험함으로써 마침내 작가가 전하는 메시지에 감정적으로 이입되고 공감하게 된다. 관람자는 그림 속 가상의 세계에 함께 참여하며 미켈란젤로가 의도한 감성적 공감과 기독교의 사상적 교훈을 깨닫고 소통하는 것이다. 사람들이 그들의 기억에 남아 있는 《성경》의 스토리에 다시 접속하는 기억 회귀 장치로도 벽화와 천장화를 활용했다. 실제로 많은 관람자가 시스티나성당의 벽화와 천장화를 보는 순간, 과거에 그들이 가정이나 교회, 학교, 책, 영화 등을 통해 경험한 《성경》의 스토리를 기억해냈다.

이처럼 다양한 장치를 통해 가상 세계로 로그인한 관람자는 그림의 단순한 관람을 뛰어넘어 미켈란젤로가 창조한 가상 세계의 참여자로서 《성경》의 사건들을 간접 경험하게 된다. 이때 매우 흥미로운 점은 관람자들이 벽화에 그려진 각각의 캐릭터를 보는 순간 단순한 감동을 넘어 동기화(synchronization)되는 경험도 한다는 것이다. 관람자들은 천국에서 기뻐하는 이들을 보면서 희열의 눈물을 흘리고, 지옥에서 고통받는 이들을 보면서 공포에 떨기도 한다. 심지어 미켈란젤로의 벽화에 나타난 등장인물들이 자신이 될 수도 있다고 생각한다. 이때가 바로 그림 속 각각의 등장인물이 관람자의 아바타가 되는 순간이다.

가상현실과 증강현실, 메타버스 등 모든 디지털 세계의 가상공간은 현실과는 다른 차원의 세상이다. 그래서 어떤 특정 방식으로 접속하는 과정, 즉 현실과는 완전히 다른 차원인 가상의 세계로 들어서는 로그인의 과정이 필요하다. 미켈란젤로도 물리적 공간인 성당과 그의 작품들을 효과적으로 구성하고 장치함으로써 관람자들을 그가 창조한 가상 세계로 로그인하도록 이끌었다. 이러한 로그인 방식은 역사 속에서 다양한 형태로 존재하고 발전되었다.

히에로니무스 보스,
융합적 아바타를 탄생시키다

신화 속 상상의 괴물들이 재탄생하다

현실 세계와 상상 속 신화의 세계를 구분하는 기준은 무엇일까? 다양한 요소가 있겠지만 그중 가장 주목할 것은 등장인물이다. 인류는 역사 이래로 신화 속에서 상상의 창조물을 만들어왔다. 그리스로마신화에 등장하는 반인반수의 괴물, 북유럽신화에서 등장하는 요르문간드, 펜리르, 트롤 등의 괴생물체, 인도의 힌두교에 존재하는 상상 속의 수많은 아바타, 일본신화에 등장하는 아마테라스, 스사노오와 같은 생물체들, 한국 전설에 등장하는 저승사자, 도깨비 등이 상상의 창조물이다.

신화 속 등장인물은 각각의 분명한 특징만큼이나 그 생김새도 모두 다르다. 완전한 괴물의 모습이나 반인반수의 괴생물체의 모습, 인간과 매우 유사한 모습이기도 하다. 자유롭게 표현되던 신화 속 캐릭터는 중세 시대의 기독교적 세계관이 형성된 이후에 큰 변화가 일어났다. 각국의 신화에서 괴물 캐릭터가 모두 사라지고 인간 형상의 캐릭터만 등장한 것이다. 신화 속 이야기가 기독교 사상 안에서 신과 인간의 관계를 그려가는 방식으로 바뀐 것에서 그 원인을 찾을 수 있다.

기존의 틀을 깨야 새로운 것이 창조된다

문학, 그림, 음악과 같은 예술 분야에서는 창의성과 독창성을 중요하게 여긴다. 잘 그린 사과 그림, 더 잘 그린 사과 그림보다 중요한 것은 이전에는 없던 새로운 사과다. 기존의 프레임에서 벗어나는 것이다. 전혀 다른 표현 방식의 창작물을 통해 관람자들은 사과를 다른 시각으로 볼 수 있는 눈을 얻고 생각을 더욱 확장한다. 사과를 통한 새로운 가치를 재창조해나가기도 한다.

예술 작품을 창작할 때 기존의 고정된 프레임을 깨는 것은 매우 의미 있는 일이다. 신화 속 등장인물의 형상이나 배경을 창조하는 것도 마찬가지다. 전혀 다른 새로운 형태의 창작물을 선보임으로써 관람자가 신화의 의미를 더 깊이 있게 들여다보고, 나아가 재해석하는 기회를 제공한다.

그런 의미에서 히에로니무스 보스(Hieronymus Bosch)는 기독교 신화의 회화적 창조에 새로운 시각을 만들어준 천재적 화가로 평가될 수 있다. 15~16세기에 활동한 네덜란드 출신의 화가 히에로니무스 보스는 기존 기독교적 세계관의 틀에서 과감히 탈피한, 전혀 다른 신화 속 캐릭터를 창조했다. 그는 기독교적 세계관이 만든 인간 형상의 캐릭터를 과감히 파괴하고, 옛날 신화 속에 존재하던 괴물 캐릭터를 자신의 작품 속에 재등장시켰다. 게다가 괴물 형상의 캐릭터를 창조할 때도 이전까지 볼 수 없었던 독특하고 창의적인 형상으로 표현했다.

히에로니무스 보스는 괴기스럽고 상징적인 캐릭터를 창조했다. 이야기가 펼쳐지는 배경도 세상 그 어디에도 존재하지 않는 기괴한 공간으로 묘사해서 이전과는 확연히 다른 새로운 가상 세계를 만들었다. 신화를 다룬 이전의 그림들은 주로 아름다움이나 두려움의 감정을 전했다면, 그의 그림은 기이함과 괴기스러운 느낌에 빠져들게 했다.

기독교의 《성경》 속 이야기를 그릴 때도 자신만의 독창적인 방식을 활용했다. 신화 속 주요 배경이자 인간의 최고 관심사 중 하나인 사후 세계의 천국과 지옥만 하더라도 과거의 다양한 작품에서 구현된 가상 세계들과는 완전히 다른 모습이다.

히에로니무스 보스의 대표작 중 하나인 〈쾌락의 정원〉은 천국, 현실, 지옥으로 구분된 세 개의 패널로 구성되어 있다. 각 패널에 등장하는 캐릭터와 전달하는 메시지에는 차이가 있으나 그림 전체적으로 하나의 공통된 특징이 있다. 인간의 모습을 제외한 다른 캐릭터들, 심지어 동물과 식물까지 이전에는 한 번도 본 적 없는 기괴하고 괴상한 형상이다. 이들은 현실에서는 불가능한 몸짓을 하는 경우도 허다하다. 또 배경이 되는 공간도 현실 세계의 산과 들, 하늘과 호수 등의 자연을 묘사한 것 같지만 자세히 들여다보면 비현실적인 구석이 아주 많다.

히에로니무스 보스 이전에도 많은 화가가 《성경》의 장면을 그림으로 옮기며 천국과 지옥의 모습을 표현했다. 하지만 그 누구도 히에로니

히에로니무스 보스의 〈쾌락의 정원〉

무스 보스의 작품만큼 인상적이지는 못했다. 히에로니무스 보스는 단테와 미켈란젤로 등 수많은 천재적 작가들이 이어온 전통을 깨고 독창적인 방식으로 《성경》을 해석하고 표현했다. 그 표현 방식은 새롭다 못해 낯설고 괴기스럽기까지 했다. 덕분에 기존의 그림에 익숙한 많은 사람이 신선한 충격에 빠져들면서 《성경》의 스토리를 기존 프레임에서 벗어나 새로운 시각으로 해석하는 기회를 얻었다.

히에로니무스 보스의 과감한 도전은 메타버스 시대에 새로운 융합적 아바타의 탄생 가능성을 엿보게 한다. 기존의 프레임에서 벗어나 전혀 다른 시도로 탄생한 융합적 아바타는 우리가 이전까지 경험하지 못한 새롭고 낯설고 과감하고 혁신적인 스토리를 이끌어낼 것이다.

괴물 캐릭터와 메타버스 그리고 아바타

세상 그 어디에도 존재하지 않는 상상 속 괴물이 어떻게 신화 속의 주요 캐릭터가 되었을까? 신화 속에 괴물이 등장한 것은 인류가 신화적 이야기를 창작하고 전하는 과정에서 본인의 생각이나 감정을 개입해 이야기를 덧붙이거나 왜곡한 데서 그 원인을 찾을 수 있다.

모든 사회와 시대마다 괴물 캐릭터를 탄생시키는 것은 보편적인 현상이었다. 어떤 이야기를 들을 때, 그 이야기에서 가장 중심이 되는 현상과 그로부터 형성되는 환희, 공포, 동경 등의 감정에 집중하게 된다. 이야기를 타인에게 전달하는 과정에서 스토리텔러의 주관적 감정과 경험이 이입되면서 스토리의 왜곡과 변형이 계속 발생한다. 변형과 왜곡의 과정을 거치면서 스토리 속의 공포나 환희와 같은 거센 감정은 극단적으로 증폭된다. 극적인 감정을 가장 효과적으로 표현하기 위해 인류는 세상에 존재하지 않는 초현실적인 가상의 괴물과 스토리를 만들어내는 것이다.

〈쾌락의 정원〉 속 괴물들

그렇다면 이 괴물들의 본래 성향은 어떨까? 기독교에서 주장하듯이 신화 속 괴물들은 정말 악마적인 캐릭터일까? 기독교적 세계관이 형성되기 이전에 각 나라에 존재한 신화나 우화 등 가상 스토리는 대부분 해당 국가나 지역사회에서 기독교 이상으로 영향력 있는 중심 사상이었다. 북유럽의 신화들은 북유럽인에게 정치적·사회적으로 매우 중요한 사상이었고, 중동의 이슬람 국가에서는 알라와 모하메드를 믿고 《코란》을 숭상했다. 또 불교를 믿는 동양의 여러 나라에서는 부처의 가르침과 깨달음이 세상의 중심이 되었다. 하지만 로마 시대에 기독교가 국교로 채택되고 기독교 사상이 세계적인 영향력을 갖게 되면서 수많은 지역의 신화와 가상 스토리는 일순간에 가치가 떨어졌다.

로마 시대에 콘스탄티누스 황제가 기독교를 공인한 이후로 세계 각국의 신화에 존재하던 괴물 캐릭터들은 기독교적 세계관 속에서 모두 인간의 형상으로 바뀌었다. 유일신 사상을 주장하는 기독교에서는 초자연적 존재가 하나님 외에는 전혀 존재하지 않는다고 믿었다. 신화 속 모든 이야기도 하나님과 인간들의 관계를 중심으로 이루어졌다. 이런 이유로 중세와 르네상스를 거쳐 오늘날에 이르기까지 괴물은 부정적인 이미지로 그려지고 있다. 즉, 유일신인 하나님을 거부하는 불손한 우상이나 악마로 치부되는 것이다.

이러한 역사적 배경으로 괴물은 존재 가치가 하락하고 이미지가 실추되었다. 본래 괴물은 무섭고 괴기한 생명체만 의미하는 것은 아니었다. 사실 기독교에서 등장하는 아름다운 천사도 일종의 괴물이다. 사람의 형상에 날개가 달려서 하나님의 메신저가 되는 것도 매우 초현실적이기에 기독교적 시각에서 보면 괴물에 속한다. 북유럽의 신화 속에서 발견되는 인어도 괴물이다. 하지만 사람들은 천사와 인어를 괴물보다는 현실을 초월한 선하고 아름다운 존재로 여기고 있다.

괴물의 형태적 특징을 잘 살펴보면 융합적 존재라는 사실을 확인할 수 있다. 사람과 동물이 결합한 형태가 일반적이다. 특히 얼굴과 상체는 거의 사람의 형태를 가지고 있다. 기본적으로 인간이 얼굴과 눈을 보면서 상대방을 판단하고 소통하기 때문이다. 만약 반대로 얼굴과 상체가 사람과 관련 없는 기괴한 형태라면 혐오감을 주면서 악마적 캐릭터로 탄생할 수도 있다.

물론 이 역시 기존 프레임에 갇힌 편협한 시각일 수 있다. 이러한 프레임마저 뛰어넘는다면 머지않은 미래에는 현재의 기준으로는 상상조차 할 수 없는 전혀 새로운 가상적 캐릭터가 탄생할 것이다. 예컨대, 과거에는 인간이 눈과 얼굴 중심의 소통이라는 한계를 극복할 수 없었을지 모르나, 다가올 미래에 전혀 다른 소통의 코드가 만들어질 수 있다. 이러한 무한한 상상과 가능성이 열리는 곳이 바로 메타버스다.

메타버스에서 인간은 초현실의 공간과 가상의 스토리를 경험할 수 있다. 등장인물인 아바타도 인간과 괴물의 형상을 뛰어넘는, 현재의 언어로는 표현할 수 없는 놀라운 존재로 창조되어 인간을 대리해 활발하게 활동할 수 있다. 상상 그 이상의 세계, 이것이 우리가 추구하는 진정한 의미의 메타버스다.

인간은 오랜 세월에 걸쳐 꾸준히 가상 세계를 만들어왔고, 그 안에서 다양한 방식과 형태로 가상적 캐릭터를 탄생시켰다. 이러한 가상적 세상을 묘사한 그림에 존재하는 모든 캐릭터는 메타버스의 아바타처럼 관람자를 그림 속 특정 사건에 간접적으로 참여시킨다.

역사 속에서 캐릭터가 탄생하는 과정들을 살펴보면 앞으로 탄생할 아바타의 새로운 미래를 내다볼 수 있다. 히에로니무스 보스는 기독교적 프레임 안에서 인간 형상의 캐릭터만 존재했던 것을 과감히 깨뜨리고 그만의 상상력으로 기괴한 괴물을 창조했다. 메타버스 시대에 필요한 것은 이처럼 기존의 프레임을 파괴하는 창조적이고 과감한 도전이다.

서양 역사 속 괴물들의 모습

안드레아 포조,
눈속임으로 가상 세계를 열다

시스티나성당에 그려진 미켈란젤로의 〈최후의 심판〉과 〈천지창조〉를 통해 알 수 있듯이, 과거 아날로그 시대에도 가상 세계로 로그인하는 것이 얼마든지 가능했다. 대신 그림 속 가상 세계로 몰입하고 인도해줄 특별한 장치가 필요했다. 이를 위해 미켈란젤로처럼 성당이라는 물리적 공간 자체의 크기와 구조 등을 활용하기도 하고, 회화 기법을 활용하기도 했다.

회화에서 그림의 몰입도를 높이기 위해 사용되는 대표적인 기법으로는 원근법과 명암법 등을 들 수 있다. 이러한 기법들을 통해 거리감과 입체감을 극대화함으로써 1차원의 편평한 면은 공간적인 깊이가 더해져 마치 2차원의 입체적 공간처럼 느껴진다. 여기에 관람자가 느끼는 상상력과 몰입감이 더해지면, 3차원의 공간감까지 생겨나 마침내 가상 세계로 로그인이 이루어지는 것이다.

그림 속에 숨겨진 가상 세계의 입구

로마의 성 이그나치오 디 로욜라 성당에 그려진 천장화 〈성 이그나치오의 승리〉는 착시 현상을 통해 관람자의 몰입을 이끄는 대표적인 사례다. 이탈리아 화가인 안드레아 포조(Andrea Pozzo)가 그린 〈성 이그나치오의 승리〉는 비슷한 시기에 그려진 여러 천장화 중에서도 매우 독특하고 흥미로운 방식으로 탄생했다.

예수회의 설립자 로욜라 이그나치오(St. Ignatius)를 기리기 위한 성 이그나치오 디 로욜라 성당은 1626년에 짓기 시작해 1650년에 완공된 바로크양식의 성당이다. 이 성당은 여느 유럽의 성당과 다른 독특한 점이 있다. 천장이 둥근 돔의 형태인 다른 성당과 달리 이 성당의 천장은 편평한 모양이다. 그런데 관람자 대부분은 이 성당의 천장도 둥근 돔의 형태인 줄 안다. 천장화를 맡았던 안드레아 포조가 편평한 사각형의 천장에 원형의 돔을 그려 넣어 마치 진짜 돔의 구조인 듯한 착시 효과를 일으키는 것이다.

포조는 천장 내부에 여러 가지 가짜 돔을 그려 넣고, 다시 그 안에 실제 성당의 기둥과 동일한 디자인의 가짜 기둥들을 그려 넣었다. 이때 원근법을 활용해 기둥이 점점 하늘로 향하는 착시 효과를 주었다. 덕분에 성당은 실제보다 훨씬 더 높고 웅장해 보인다. 게다가 성당의 바닥에서부터 천장의 그림까지 이어지면서 자연스럽게 없어지는 벽과 기둥의 구조로 성당은 본래의 물리적 크기와 구조의 한계까지 극복할 수 있게 되었다.

안드레아 포조의
〈성 이그나치오의 승리〉

돔보다 더 놀라운 것은 그 안에 그려진 천장화다. 안드레아 포조는 자신만의 탁월한 상상력과 원근법을 활용해 화려하고 환상적인 장면을 연출했다. 그림의 중심부로 갈수록 흰색을 많이 활용해 몽환적인 천상의 이미지를 강조했다. 성당 전면에 있는 제단 상부의 천장에는 가장 중심에 말을 타고 전투를 지휘하는 용맹한 이그나치오를 그려 넣어 관람자에게 천장화의 주제와 메시지를 분명하게 전달했다.

그뿐만이 아니다. 안드레아 포조는 단순한 원근법의 활용만이 아니라 관람자의 시선에서 그림을 그렸다. 다시 말해, 성당의 중앙 통로에 서서 관람자가 고개를 들어 천장을 바라보면 그림 속에 등장한 인물의 대부분이 실제로 아래에서 위로 쳐다볼 때 보이는 형상으로 그려져 있다. 이는 천장화를 보는 관람자가 높은 천장으로 치솟아 마침내 가상 세계의 입구를 열고 천상에 닿는 듯한 착각까지 불러일으킨다. 이러한 연출과 기획을 통해 관람자는 포조가 그린 천장화의 일부가 되어 천국의 축복을 받는 참여자가 된다. 단순 관람자가 아니라 간접적인 참여자로 가상공간을 경험하는 것이다. 거대한 건축 공간의 천장화가 눈속임을 통해 가상공간으로 유도하는 장치가 되어주기 때문이다.

이는 현대 메타버스의 핵심 기술 중 하나인 버추얼 리얼리티와 거의 비슷한 시도를 보여준다. 고글 대신 거대한 건축 공간과 그 안의 그림이 가상공간으로 로그인시켜주는 유도적 매개 장치 역할을 한다. 이러한 매개 장치로 관람자는 작가가 구현한 가상 세계에 몰입하고 빠져들어서, 마치 그곳에 함께 있는 듯한 경험을 하게 된다. 이것이 아날로그 시대에 탄생한 원초적 가상현실, 즉 버추얼 리얼리티다.

토머스 모어, 평등과 행복의 유토피아를 제안하다

인간은 누구나 행복을 꿈꾼다. 기왕이면 나를 포함한 모든 사람이 함께 행복을 누릴 수 있기를 희망한다. 행복에 대한 인간의 근원적인 욕망은 상상으로 이어지고, 상상은 곧 유토피아라는 가상의 이상적인 사회를 탄생시켰다.

'유토피아(utopia)'의 개념은 1516년에 영국의 정치가이자 인문주의자인 토머스 모어(Thomas More)가 처음 제안했다. 유토피아는 고대 그리스어 'u(없는)'와 'topos(땅·나라)'를 합친 '존재하지 않는 나라'와, 'eu(좋은)'와 'topos'를 합친 '행복한 나라'라는 이중적인 의미가 있다. 그래서 유토피아는 일반적으로 '세상 어디에도 존재하지 않는 행복한 나라'로 해석된다.

토머스 모어는 '세상 어디에도 존재하지 않는 행복한 나라'를 '세상에 존재하는 행복한 나라'로 바꾸는 혁신적인 시도를 한다. 이 걸출

토머스 모어의 유토피아

한 천재는《유토피아》를 통해 인류가 한 번도 시도해 보지 않은, 모든 사회 구성원이 행복하게 살 수 있는 이상적인 가상 국가와 도시를 제안했다. 그가 제안한 유토피아는 소수의 권력층을 위한 나라가 아닌 다수의 평범한 사람들이 행복과 자유, 평등을 누리는 나라였다.

유토피아, 상상이 아닌 현실로

16세기 유럽은 봉건 체제 아래서 군주와 귀족의 잔인한 횡포와 착취로 다수의 평민과 하층민이 극심한 고통을 받고 있었다. 토머스 모어는 평민과 하층민이 억압받지 않고 행복하게 살 수 있는 나라를 고민했고, 그 결과 이상향의 국가인 유토피아를 창조했다.

토머스 모어의 저서《유토피아》는 총 두 권으로 이루어져 있다. 제1권은 16세기 유럽, 특히 영국의 부패한 절대왕정 정치와 사유재산제도의 폐해를 풍자하고 비판한다. 제2권은 유토피아를 구체적으로 소개하고 설명한다.

정치적인 공상을 이야기 형식으로 구성한 《유토피아》는 문학, 정치학, 법학, 철학, 윤리학의 성격을 모두 담고 있으며, 유토피아라는 이상향의 섬나라를 경험한 가상의 인물인 라파엘이 토머스 모어에게 이 섬나라를 설명한다. 당시 백성의 삶을 걱정하고 안타까워했던 토머스 모어는 백성의 경제적 기반을 착취하는 헨리 8세의 정치를 개혁의 대상으로 보고 이를 대체할 이상향의 나라로 유토피아를 제안한다.

모든 인간의 평등을 중요하게 생각한 토머스 모어는 《유토피아》를 통해 극도로 평등한 국가 이론을 제시한다. 이 나라에는 54개의 도시가 존재하는데, 모두 같은 계획에 따라 건설되었기에 똑같은 모양을 하고 있다. 모든 도시 안의 집들도 구조가 똑같고, 집의 문은 항상 열려 있어 누구나 어디든 방문할 수 있다. 또 전 국민이 함께 소유하고 함께 노동하는 것을 원칙으로 하며, 식사도 마을 회관에서 다 같이 하고 옷도 똑같은 것을 입는다.

물론 개인의 취향과 자유도 존중된다. 유토피아의 시민은 하루 6시간만 일하고 8시간은 잠을 잔다. 나머지 시간은 책을 읽거나 각자의 취미활동을 하고 원하는 교육도 자유롭게 받을 수 있다.

토머스 모어의 《유토피아》는 모두가 바라고 상상하지만 차마 현실에서는 구현할 수 없었던 이상향의 사회를 문학 형식을 빌려 매우 구체적으로 묘사한 최초의 작품이다. 이 작품은 단순한 문학작품을 넘어 정치·사회학적으로도 큰 의미를 가지고 있다. 토머스 모어가 《유토피아》를 저술할 당시의 봉건주의적 사회체제에서 인간은 왕에서부터 평민과 농민으로 이어지는 권력의 절대적 상하 구조로만 연결되었다. 이러한 현실에서 모두가 평등하게 행복을 누릴 수 있는 이상 사회는 오직 일부 개인의 상상 속에만 존재했다. 자유와 평등은 물론이고 개인의 존엄성까지 무시되던 당시에 토머스 모어가 유토피아를 구현할 제도와 장치를 제안한 것은 정치·사회학적으로 매우 획기적인 사건이었다.

게다가 토머스 모어의 유토피아는 관념적이고 이론적인 제안으로 끝나지 않았다. 정치, 사회, 종교, 지리, 건축 분야의 지식과 상상력을 총동원해, 모든 것이 유토피아라는 가상공간에서 실체화될 수 있을 정도로 매우 구체적으로 제안했다. 그는 공동 생활이 가능하도록 건축학적 측면에서 구체적인 공간을 제안했을 뿐 아니라, 그곳에서 일어나는 모든 법과 규칙과 생활 규범도 매우 상세히 제안했다.

토머스 모어의 유토피아는 단순히 하나의 가상적 제안으로 끝나지 않는다. 현실에서 실현할 수 있을 정도로 생생하고 구체적으로 제안한 덕분에 이후 프랑스의 공상적 사회주의자나 공산주의자에게 이상적 유토피아 사회를 구상하는 데 가장 중요한 모델이 되었다. 실제로 그가 책을 통해 제안한 유토피아의 아이디어는 사회주의와 공산주의 사회에서 건축물과 도시, 국가를 건설하고 정치와 경제, 사회적 제도를 설계할 때 중요한 기초 자료로 활용되었다.

토머스 모어의 유토피아와 현대 메타버스

토머스 모어가 유토피아를 통해 현실에 바탕을 둔 가상성을 창조하고 실제 현실로 구현될 수 있을 정도로 구체적인 설계를 제안한 것은 현대의 유토피아적 가상공간의 개념을 확립하는 데 큰 영향을 미쳤다.

신과 인간의 관계에서 인간과 인간의 관계로

토머스 모어의 유토피아는 신과 인간의 관계에 집중했던 기존의 가상
세계의 관점을 인간과 인간의 관계, 인간과 현실 세계의 관계로 바꾸는
매우 중요한 전환점이 되었다. 과거의 모든 가상 세계와 공간은 천국,
지옥, 연옥과 같이 신과 인간의 관계로부터 창조되었다. 그런데 토머스
모어는 이러한 틀을 과감히 깨부수고 왕과 백성의 관계처럼 인간과 인
간 사이의 현실적 관계를 다루었다.

당시 지배층의 착취와 억압의 대상인 평민은 삶이 매우 피폐하고 힘
겨웠다. 이러한 현실의 병폐들을 극복하기 위해 토머스 모어는 이상적
인 가상 세계인 유토피아를 만들게 된다. 이 과정에서 인간이 가장 행
복하게 살 수 있는 정치·사회 시스템과 이를 실현할 수 있는 가상의 공
간을 구체적으로 창조해냈다. 유토피아를 통해 현실의 착취와 억압이
없는, 모두가 행복한 세상을 꿈꾼 것이다. 이는 현대 메타버스가 현실
속 인간의 삶에 집중하고, 심지어 현실 세계와 연계한 가상 세계를 추
구하는 것과 일치한다.

무한의 스케일에서 측정이 가능한 인간의 스케일로

토머스 모어의 유토피아 이후 신과 인간의 관계가 아닌 인간과 인간의
관계에 집중한 만큼 가상공간의 무대나 스케일도 획기적으로 바뀌었
다. 기독교적 세계관에서 제시되던 사후 세계인 천국, 연옥, 지옥은 광

활한 대지와 지구 내부의 공간은 물론이고 신의 세계인 천상까지 묘사되면서 공간의 스케일은 거의 측정할 수 없는 관념적 수준이었다. 이에 비해 토머스 모어의 유토피아는 작은 섬나라, 54개의 도시와 같이 구체적이고도 수치적으로 제안되면서 인간이 실제로 생활하는 도시와 건축 공간의 스케일까지 바뀌기 시작한다.

다시 말해, 유토피아 이후 가상공간이 무한의 스케일에서 측정 가능한 인간 공간의 스케일로 바뀌게 된 것이다.

상상의 스토리에서 현실의 스토리로

토머스 모어의 가상공간에서 일어나는 사건은 수천 년간 《성경》 속에서 내려오는 신화적 스토리나 한 번도 경험해보지 못한 상상 속의 사후 세계에서 일어나는 일이 아니었다. 토머스 모어가 구상한 유토피아에서는 현실에서 실제 개개인에게 일어나는 일들이 벌어진다. 즉, 현실 세계를 기반으로 모든 구성원이 행복하고 평등하게 살 수 있는 미래의 가상 세계를 구체적으로 다룬다.

관찰자가 아닌 체험자로

《유토피아》에서는 가상의 인물인 라파엘이 토머스 모어와 대화하는 형식으로 이야기가 전개된다. 이는 가상의 인물이 독자를 대신해 유토피아 공간을 체험한다는 점에서는 현재 등장하고 있는 버추얼 리얼리티나 메타버스의 접속 방식과 개념이 유사하다고 볼 수 있다.

토머스 모어의 유토피아는 가상공간의 관심과 무대의 흐름을 바꾼 역사상 매우 획기적인 사건이었다. 유토피아라는 가상적 제안이 어떻게 실제 현실에 영향을 미쳐 새로운 실체가 탄생하는지 보여주는 흥미로운 사례이기도 하다. 가상의 세계와 공간은 인간의 상상과 관념 속에서 지속적으로 창조되고 논의되다가 기술의 발달 등으로 어느 시점에는 현실 세계에서 실제 공간으로 구체화된다. 역사 이래로 끊임없이 이어져온 인간의 다양한 가상성이 현실 세계의 발전과 진화를 이끄는 가장 중요한 엔진 역할을 하는 것이다. 더불어 현재 우리가 상상하는 수많은 가상성이 미래의 어느 시점에는 현실로 구현될 수 있다는 것을 시사한다.

　　토머스 모어의 유토피아 사상은 탄생 이후부터 현재에 이르기까지 다양한 국가와 사회체제 안에서 꾸준히 연구되어왔다. 그리고 미래에도 지속적으로 제시해야 하는 가장 중요한 주제 중 하나로 남아 있다. 메타버스도 디지털 기술을 기반으로 모두가 행복할 수 있는 인류의 이상적 유토피아를 탄생시키려는 노력의 하나로 볼 수 있다.

이상적인 가상 세계, 공상적 사회주의 그리고 유토피아 연대기

아이러니하게도 사람들은 오랜 세월 동안 현실에서 유토피아의 실현을 꿈꾸었다. 이에 따라 각각의 시각에서 다양한 제안을 내놓았다. 16세기 초에 토머스 모어로부터 시작된 이상 사회에 대한 제안은 300여 년이 지난 19세기 초에 프랑스 공상적 사회주의자들에 의해 더욱 발전된다. 토지의 소유로 신분이 세습되던 봉건주의 사회에서 인간은 일부 권력자들의 이익 추구를 위한 착취 대상이었다. 산업혁명으로 봉건제가 무너지고 근대 자본주의로 전환되었지만, 인간의 노동력 착취와 경제적 불평등으로 인한 빈부격차는 전혀 나아지지 않았다. 문제를 해결하기 위해 19세기 초 영국과 프랑스에서는 '공상적 사회주의(Utopian socialism)'가 탄생했다.

대부분 이론과 관념적 제안에만 머물렀던 공상적 사회주의자들의 유토피아는 샤를 푸리에를 통해 현실적이고 구체적인 제안의 형태로 나타난다. 이후 공산주의, 사회주의에서 건축과 도시, 사회·정치 시스템으로 실체적 모습을 만들어간다. 물론 현재의 공산주의와 사회주의 국가가 구성원 모두의 평등과 행복을 추구하는 유토피아 본연의 모습에 얼마나 충실한지는 별개의 문제다. 인류가 오랫동안 염원하고 끝없이 희망할 '세상 어디에도 없는 이상향의 행복한 세상'을 현실에서 구현하려는 제도적 시도는 무척 흥미로운 일이다.

게다가 이제 인류는 공간이나 제도 차원의 유토피아를 넘어 디지털 기술로 구현되는 메타버스를 통해 새로운 의미의 유토피아를 창조해나가고 있다.

로버트 오언의 유토피아적 생산 공동체

영국에서도 기독교를 기초로 한 이상 사회의 구현을 위해 적극적인 노력을 벌였다. 영국의 대표적인 공상적 사회주의자인 로버트 오언(Robert Owen)은 인간의 행복은 성격과 환경에 의해 결정된다고 생각했다. 로버트 오언은 스코틀랜드의 작은 마을인 뉴 라나크(New Lananrk)의 공장에서 협동 사업체를 설립했으며, 기독교 사상을 기초로 사람들이 더 나은 삶을 살아갈 수 있도록 노력했다. 그가 시도한 여러 가지 이상 사회의 모델은 토머스 모어의 유토피아적 사회 건설과 프랑스의 이상적 사회주의자들로부터 큰 영향을 받았다.

이후 미국 신대륙에서 협동 사업체 설립을 시도했으나 실패했고, 영국으로 귀국한 뒤에도 협동조합운동과 노동조합운동을 펼쳤으나 이

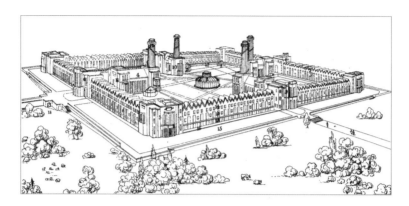

로버트 오언의 뉴 라나크 생산 공동체

또한 그리 성공적이지는 못했다. 하지만 그의 사상은 프리드리히 엥겔스가 기계처럼 정교한 이론이라고 칭송할 정도로 훌륭했고, 그의 협동조합 모델과 노동조합 모델은 지금까지도 이어져오고 있다.

'뉴 라나크' 생산 공동체는 로버트 오언이 1800년부터 1813년까지 열악한 노동환경을 개선하고 교육과 협동을 바탕으로 하는 새로운 공동체의 가능성을 보여준 커다란 실험실과도 같은 곳이다. 로버트 오언은 인간은 환경의 산물이므로, 물질적·도덕적 환경에 따라 변화할 수 있다고 믿었다. 이러한 믿음으로 뉴 라나크 생산 공동체에서 노동 시간의 단축은 물론이고 노동자를 위한 쾌적하고 편리한 숙소, 휴식과 건강을 위한 공공건물 등 당시에는 상상할 수 없었던 여러 유토피아적 시도를 했다.

1968년에 공장의 가동이 멈춘 뉴 라나크는 1974년에 복원되었고, 2001년에는 유네스코 세계문화유산으로 등재되었다. 지금은 매년 40

만 명 이상의 관람객이 찾는 명소가 되었다.

공장 시설들은 여러 관람 시설로 바뀌었는데, 이동을 위한 나선형 통로 중앙에는 옛 증기기관이 있고 상세한 정보가 벽마다 게시되어 있다. 밀 3(Mill 3) 옥상에는 뉴 라나크 전경을 볼 수 있는 옥상 정원(Roof Garden)이 있다. 이곳은 19세기부터 조성된 것은 아니지만 뉴 라나크를 개발하면서 더글라스 콜타트(Douglas Coltart)가 로버트 오언의 환경과 자연에 대한 견해를 기반으로 디자인했다고 한다. 오언은 혁신적인 교육 시스템을 구축한 것으로도 유명한데, 인간의 성격에 환경과 교육이 결정적인 영향을 미친다고 여겼던 것이다. 그래서 오언은 뉴 라나크에 아동 교육 시설을 마련했고, 이것은 지금도 '역사적 교실(historic classroom)'로 복원되어 있다.

토머스 모어에서 공상적 사회주의까지

토머스 모어의 유토피아에 큰 영향을 받은 공상적 사회주의자들은 기독교 사상에 근본을 둔 이상 사회를 세우고자 했다. 그러나 그들의 주장은 너무 관념적이어서 실용성과 현실성이 부족했다. 모두가 바라지만 세상 어디에도 존재하지 않는 이상 사회 유토피아는 공상적 사회주의자들의 관념적 망상에만 머물 위기에 처했다.

대표적인 공상적 사회주의자 중 한 명인 프랑스 출신 생시몽(Saint Simon)은 과학과 산업이 지배하는 사회를 종교적으로 통일시킴으로써 이상 사회를 실현하자고 주장했다. 그의 주장은 매우 파격적이었지만 관념적인 방향성만 제시했을 뿐 현실적인 실현을 위한 구체적 제안은 뒷받침되지 않았다는 한계가 있었다.

그 외에도 프랑스의 많은 공상적 사회주의자들이 이상 사회 건설을 주장했지만 모두 이론에만 그쳤다. 그런데 공상적 사회주의자들의 관념적 상상을 현실에서 구체화할 수 있는 방안을 제안한 사람이 있었다. 프랑스의 철학자이자 사회주의인 샤를 푸리에(Franois Marie Charles Fourier)는 이상 사회를 구체화하는 도구로 건축과 도시를 제안했다.

샤를 푸리에는 자급자족형 유토피아 공동체인 팔랑스테르(pha-lanstère)를 제안했다. 푸리에가 제안한 팔랑스테르는 이상 사회의 단위로서, 생산을 합리화하고 소비를 절약하는 전형적인 소생산자 사회였다. 푸리에는 이를 통해 모든 사회문제가 해결될 수 있다고 믿었다.

푸리에가 구상한 팔랑스테르에서는 구성원들이 같은 건물 안에 살면서 각자가 제공한 노동의 양에 따라 수입을 분배함으로써 모두가 안정된 생활을 누릴 수 있었다. 일과 생활이 동시에 이루어지는 공동생활의 건축 공간이 이상 사회를 완벽하게 작동할 수 있는 장치로 제시된 것이다.

푸리에는 이상적인 공동체 시설인 팔랑스테르를 설계하면서 그 안에서 펼쳐질 구성원들의 생활도 효율적으로 계획했다. 팔랑스테르는 크게 중앙 부분과 두 개의 측면 날개 공간 이렇게 세 부분으로 설계되었다. 중앙 부분은 식당, 도서관, 연구실, 정원 등 주로 공공의 목적을 위해 사용하는 공간이다. 한쪽 측면 날개 공간은 작업장, 목공소, 대장간과 같은 시끄러운 활동을 위한 공간이며, 어린이를 위한 단체 시설도 여기에 포함했다. 또 다른 쪽의 날개 공간에는 주민들의 거주 공간, 외부인과의 회의를 위한 연회장과 객실 등을 설계했다.

푸리에는 팔랑스테르의 전체적인 구조 외에도 가족이나 이웃과 교류가 활발히 일어날 수 있도록 각 공간을 연결하는 설계를 구상했다. 채광과 환기를 위해 통로의 벽을 유리로 만드는 등 공간 내부를 세심하게 고민했다. 또 생산성이 제일 낮다고 평가되는 노동자를 1층에, 제일 높다고 판단되는 노동자를 제일 위층에 거주하게 함으로써 공동체의 생산성 향상까지 고려했다.

한편, 푸리에는 하나의 팔랑스테르에서 공동으로 생활할 사람들에 대해서도 계획을 세웠다. 푸리에는 인간이 810가지의 특성이 있다고 규정했고, 팔랑스테르에서는 저마다의 특성을 가진 남성 810명과 여성 810명, 총 1,620명이 생활하는 것을 원칙으로 삼았다. 이곳에서는 인간 개개인의 특성이 자유롭게 발휘되고, 일 자체가 즐거움이 될 수 있도록 원하는 일을 원하는 시간만큼 할 수 있도록 했다. 직업은 무엇이든 선택할 수 있으며, 사유재산을 부분적으로 허용함으로써 노동에 활력을 주고자 했다.

푸리에는 팔랑스테르라는 공동생활 공간의 계획이 모든 사람에게 쾌적한 생활환경과 경제적 평등을 제공할 것이라고 믿었다. 그리고 그동안 인간의 상상 속에서만 존재했던 이상향의 세계가 팔랑스테르라는 매우 구체적인 건축 공간 안에서 펼쳐짐으로써 모든 사람이 완벽한 행복을 누릴 수 있는 이상 사회가 구현될 것이라고 믿었다.

푸리에는 건축가들이 사용하는 평면과 입면 등의 건축공학적 언어

샤를 푸리에의 팔랑스테르

를 사용할 정도로 팔랑스테르가 실제 현실에서 구현되기를 희망했다. 하지만 그의 바람과는 달리 팔랑스테르 역시 하나의 혁신적인 제안에 그쳤다. 물론 푸리에의 이상 사회에 대한 도시건축학적 제안은 프랑스의 공상적 사회주의자들의 관념적이고 가상적인 제안이 실제 공간으로 실현될 수 있다는 가능성을 제시한 매우 의미 있는 일이었다.

팔랑스테르, 공학적 언어로 표현된 유토피아

푸리에가 제안한 팔랑스테르는 매우 구체적이고 실질적인데다 건축학적으로도 거의 완벽에 가까웠다. 게다가 단순한 제안에 그치지 않고 훗날 현실에서 구현되기까지 했다. 푸리에의 팔랑스테르는 러시아혁명 이후에 러시아연방의 공산주의 국가들, 심지어 북한에서조차 도시와 건축물을 지을 때 공동체 생활의 건축 모델로 활용했다. 그동안 관념적 제안에만 머물던 이상 사회가 푸리에의 도시학적 제안을 거쳐 공산주의 국가의 협동 시설을 통해 실체적 공간으로 완벽하게 창조된 것이다.

이상 사회를 구체화한 여러 가상공간은 시대마다 필요에 맞게 재해석되고 적절히 활용되었다. 팔랑스테르만 하더라도 산업혁명의 그림자에 가려진 가난한 노동자들을 위한 자급자족형 공동체 시설로 구상한 것이었다. 그런데 흥미롭게도 팔랑스테르는 사회주의사회나 공산주의사회뿐만 아니라 추구하는 가치가 확연히 다른 자본주의사회에서도 유용하게 활용되고 있다. 물론 자본주의사회에서는 이상 사회를 구현하기 위한 공동체적 거주 공간이 목적은 아니다. 그러나 공동의 사람들이 하나의 건물 안에서 생활한다는 용도는 일치하기 때문에 적절히 변형해 사용하는 것이다. 대표적인 사례로 자본주의사회의 복합 리조트, 고급 복합 주거 공간, 우리나라의 대표적인 공동 주거 형태인 아파트를 들 수 있다. 이처럼 여러 유토피아 모델들은 탄생 의도와는 전혀 다르게 사용되기도 하면서, 각 사회에서 저마다의 용도에 맞는 도시 건축적 모델이 되었다.

샤를 푸리에의 제자였던 필립 휴버트(Philip Hubert)는 1884년에 미국 뉴욕의 맨해튼에 예술가들을 위한 작고 편리한 아파트를 지었다. 현재는 호텔로 운영 중인 이 건물은 건축 당시에 팔랑스테르의 공동주택 개념을 적용해 설계했다. 당시 휴버트는 뉴욕의 고질적인 주택난을 해결하고 이웃과 원활하게 소통하기를 바라며 대규모 공동 주거 공간을 기획했다.

이뿐만이 아니다. 세계 최초로 현대적 개념의 아파트가 등장한 배경에도 샤를 푸리에의 팔랑스테르가 있다. 1952년에 프랑스 마르세유에 완공된 '유니테 다비타시옹(Unité d'habitation)' 공동주택은 프랑스의

르코르뷔지에의 유니테 다비타시옹

건축가 르코르뷔지에(Le Corbusier)가 설계하고 건축한 현대 아파트의
시초다. 지중해가 내려다보이는 언덕에 지어진 이 아파트는 현대 자본
주의사회의 주상 복합 아파트와 거의 유사한 형태를 갖추고 있다. 수백
세대가 거주하는 건물에는 마치 마을을 통째로 옮겨놓은 것처럼 학교,
병원, 공원, 수영장, 체육관, 테라스 등이 모두 모여 있다. 심지어 각 공
간도 상업 지구, 주거 지구, 공공 지구, 녹지 지구를 계획적으로 분리해
쾌적함과 효율성을 극대화했다.

　이 건물은 국가의 의뢰로 설계되어 지어졌으나 건축가인 르코르뷔
지에의 확고한 신념도 담겨 있었다. 르코르뷔지에는 당시에 사회 극빈
층으로 내몰리던 도시 노동자를 위해 저예산 고효율의 공동주택을 건

설하되, 최대한 쾌적하고 효율적인 주거 공간을 구현하고 싶었다. 그는 샤를 푸리에의 이상적인 공동체인 팔랑스테르에서 많은 영감을 얻고, 젊은 시절에 실제로 관찰했던 수도사들의 공동체 생활을 참고하고 응용했다.

과학기술과 만난 미래형 유토피아

인류가 탄생한 이래 가장 관심 있게 추구해온 것 중 하나가 유토피아적 이상 사회의 건설이다. 토머스 모어가 주장한 가상의 이상 국가인 유토피아는 그의 사상적 후예들에 의해 스토리가 더욱 탄탄하고 정교해졌다. 수많은 가상의 생각들은 글이나 그림, 건축 및 도시 계획 등 다양한 제안으로 발전하고, 이후 국가와 정치 시스템의 형태로, 도시와 건축 공간의 형태로 현실에서 실제로 구현되었다.

시대에 따라서 이상 사회의 정의도 계속 바뀌었다. 현실적 한계를 뛰어넘어 모두가 행복해질 수 있는 유토피아적 이상 사회를 건설하려는 인간의 열정과 희망이 꾸준히 새로운 가상의 세계를 탄생시키는 원동력이 된 것이다. 민주주의, 사회주의, 공산주의도 그러한 노력의 결과로 탄생했다.

유토피아적 사회는 공산주의, 사회주의, 자본주의가 추구하는 가치는 서로 다를지라도 인류가 만든 모든 사회에서 공통적으로 이루려고 노력한 인류의 꿈이자 이상이었다. 게다가 최근에는 이러한 제도적 차원의 이상 사회를 넘어 과학기술을 토대로 유토피아적 이상 사회의 건설을 시도하고 있다. 디지털 가상 세계인 메타버스는 물론이고 일론 머스크가 이루려고 하는 화성의 정복, 제프 베이조스의 블루 오리진(Blue Origin)을 통해 만들어질 우주 유토피아 등이 모두 과학기술을 토대로 한 유토피아적 이상 사회 건설의 시도로 볼 수 있다.

어떤 순간이든 유토피아적 이상 사회를 만들려면 초기에는 관념적이고 이론적인 생각의 토대가 필요하다. 이후에는 이를 구체화하기 위한 정교한 제안들이 필요하다. 이 모든 제안의 공통점은 가상성에 기초를 두고 있다. 이렇게 생산된 수많은 가상적 이론의 제안들과 실체적 제안들은 오랜 시간을 지나며 쌓이고 융합되면서 마침내 현재의 가능성을 만든다.

물론, 현재의 가상적 이론의 제안들과 실체적 제안들도 이전의 것들과 잘 융합되어 미래를 향한 발전적 방향을 제시해줄 것이다. 인류가 존재하는 한 미래에도 모두가 행복할 수 있는 완벽한 이상 사회인 유토피아의 건설은 꾸준히 시도될 것이며, 현실 세계든 메타버스의 세상이든 지속해서 탄생할 것이다.

역사 속
가상공간들의 특징

인류 역사상 모든 국가와 사회는 그들의 사상과 시스템을 정당화해줄 '유토피아'라는 가상적 스토리가 필요했다. 그리고 규칙, 법, 도시, 건축 등의 다양한 형태와 시도로 그들만의 유토피아를 공간으로 구현해왔다. 기독교적 세계관, 공상적 사회주의, 공산주의 등 시대와 가치관, 사회를 지배하는 제도가 무엇인지에 따라 각각 추구하는 이상 세계의 모습은 다를 것이다. 그러나 이 모두가 가상의 공간 안에서 벌어지는 일이다. 무엇을 꿈꾸고 희망하든, 현실로 실체화되고 구현되기 전까지는 모두 상상의 세계인 가상공간에서 기획되고 설계된다.

시대마다 가상공간들은 각 이상향의 공간에 맞게 구상되고 현실에서 실체화되기도 했다. 각 가상공간에서 활동하는 가상적 객체들과 그 규모도 다르고, 가상공간의 프로그램과 구현하는 행위도 모두 다르다. 이제 시대에 따라 다르게 탄생했던 가상공간의 특징을 살펴보자.

시대별 가상공간의 특징과 그들만의 유토피아

기독교적 세계관의 가상공간

기독교적 관점에서 가상공간의 규모는 앞서 언급한 여러 가상공간 중 가장 크다. 미켈란젤로의 〈천지창조〉와 안드레아 포조의 〈성 이그나치오의 승리〉에서도 알 수 있듯이, 기독교적 관점에서 묘사되는 천국과 지옥은 인간이 만들어낸 특정한 공간이 아니라 광활한 우주 그 자체다. 그래서 공간은 크기를 측정할 수 없는 무한의 규모로 보면 된다.

천국의 구성 재료는 구름, 공기, 바람 등이며, 지옥은 흙, 불, 암석, 물 등으로 모두 자연의 것이다. 천국과 지옥의 가상공간에서 활동하는 가상의 객체들은 세상의 모든 인간이다. 세상의 남녀노소와 모든 인종을 포함한다. 인간은 죽어서 최후의 심판을 받게 되고, 심판의 결과에 따라 천국이나 지옥으로 가게 된다. 천국과 지옥이라는 가상공간의 프로그램에 따라 각각에 걸맞은 벌을 받거나 축복을 받는다.

공상적 사회주의의 가상공간

토머스 모어의 유토피아에서 묘사된 가상의 공간과 프랑스 공상적 사회주의자들이 탄생시킨 가상의 공간은 샤를 푸리에가 제안했던 공동체적 커뮤니티인 팔랑스테르와 같이 건축공학적 언어로 이루어져 있다.

이 경우의 공간 규모는 인간들이 활동할 수 있는 공공시설과 공동주거의 건축물 정도의 규모, 즉 건축의 스케일이다. 물론 팔랑스테르가 여러 채 건축되면서 도시 전체로 확장할 가능성도 있기에, 그 규모는 하나의 도시 수준까지 커질 수 있다. 그렇다 하더라도 이는 과거에 천국과 지옥을 다루었던 공간 규모와 비교할 때 매우 작으며 인간이 활동할 수 있는 스케일이다.

샤를 푸리에가 제안한 팔랑스테르의 건축 재료는 당시에 많이 쓰인 벽돌이나 돌, 유리 등으로 예상되며, 당시 유행한 건축양식인 프랑스 고전주의(French classicism) 양식을 사용했다. 작업장과 생산 시설, 교육 시설, 놀이 시설 등 시설의 대부분이 공동이 사용하는 공간으로 되어 있는 것으로 보아 공간적 프로그램은 공동체적 생활로 이루어진다. 물론 현대적 개념의 아파트처럼 각각의 주거 공간이 독립적으로 갖추어져 있으니 공동체 생활 속에서도 개인적인 영역은 존중받는다고 할 수 있다.

이 가상공간에서 객체는 기본적으로 유럽인들이며 그중에서도 절대왕권 사회에서 빈민층을 형성하며 열악한 환경에서 힘들게 살아가던 사람들이다. 그래서 이 가상공간은 어떤 특별한 사상이나 정치체제가 강조되기보다는 돈과 권력으로 자신들을 억압하던 대상에게서 해방되고, 자신의 의지로 주체적으로 살며 공동체 안에서 안정과 화합을 이루는 자유로운 삶을 추구한다.

공산주의의 가상공간

토마스 모어에서 시작한 유토피아의 개념은 유럽의 공상적 사회주의의 후예들에 의해 계승되고, 공산주의 개념으로 완성되었으며, 러시아 혁명을 거치며 결국 국가 형태로까지 건설된다. 공상적 사회주의의 가상공간이 건축과 도시의 규모에서 일어날 수 있는 개념이라면, 공산주의 국가의 가상공간은 이러한 도시들의 집합체인 국가의 규모로 확장된다.

게다가 공산주의자들이 주창하던 개념은 어떤 특정한 공간적 장치보다는 국가와 국민 그리고 경제와 사회시스템에 이야기의 중심이 좀 더 집중되면서 담론이 거시적으로 이루어지기 시작했다. 즉, 국가적, 민족적, 역사적, 문명적으로 사상의 규모가 확장된 것이다. 그래서 그들이 구현하려는 가상 세계는 특정한 물리적 공간보다는 더욱 확장된 이상적 개념의 공간이었다. 물론 나중에 국가를 건설할 때는 국가, 도시, 건축의 단계별로 매우 구체적인 건축 스케일도 함께 다루었으며, 결국에는 그들의 유토피아적 가상공간을 실제로 건설하게 된다.

이렇듯 공산주의의 가상공간은 국가적 스케일로 확장되면서 여기에 참여하는 객체들은 한 나라의 국민 전체가 되었다. 더불어 그들의 공산주의적 사상과 경제·사회시스템을 전 세계로 확장할 목표를 가지고 있었기에, 그 객체들 또한 인류 전체로 확장할 가능성을 가지고 있었다.

공산주의자들은 공산주의 국가를 건설하기 위해 도시적 스케일에서 혁명 광장을 건설하고 수많은 혁명의 상징물을 세웠다. 상징적인 탑이나 동상, 거대 조형물은 그들의 사상을 전파할 완벽한 가상적인 존재였다. 이때 공산주의자들은 새로운 사회 스타일을 만들기 위해 유럽의 전통 스타일과 동양의 스타일을 혼합하기도 했고, 러시아 구축주의(Russian Constructivism)*를 제안하기도 했다.

공산주의는 프랑스 공상적 사회주의보다 훨씬 더 큰 가상적 공간의 스케일을 다루었으며, 전 세계의 인류 중 핍박받던 하층민들이 중심이 되는 가상적 객체를 다루었다. 이러한 가상성에 기초한 사회, 정치, 경제 시스템이 현재까지도 이어져오면서 국제사회에서 큰 영향력을 발휘하고 있다.

---

* 1920년대 러시아에서 주류를 이룬 전위예술 운동이다. 기하학적이고 추상적인 형식을 특징으로 하지만, 산업적 재료와 실용성을 추구하며 예술이 사회에 공헌해야 한다는 사회주의 이데올로기를 표명했다.

공산주의 프로파간다 포스터에 담긴
가상성의 비밀

공산주의, 사회주의 프로파간다 포스터는 토머스 모어와 그의 후예인 공상적 사회주의자들이 구현하려던 이상 사회를 매우 함축적이고 강렬하게 전달하고 있다. 공산주의자들은 그들이 이루려는 이상 사회를 전 세계에 전파하기 위해 여러 미디어를 활용했다. 그중 대표적인 방법이 프로파간다 포스터다. 공산주의자들은 강력한 통제와 지도를 통해 모든 국민이 행복할 수 있는 유토피아적 사회를 완성하고자 했다. 이때 그들의 사상적 이념과 가치를 사람들에게 효과적으로 전달하기 위해 독특한 방식의 가상적 이미지와 함축적이고 강력한 문구가 적힌 프로파간다 포스터를 제작하고 배포했다.

프로파간다 포스터로 탄생한 결과물은 종이 한 장에 불과했지만, 그 안에는 그들이 추구하는 가치와 이념, 유토피아적 사회, 대중의 공감을 이끄는 강력한 메시지까지 모두 담겨 있었다.

프로파간다 포스터와 시스티나성당화의 공통점

프로파간다 포스터에는 칼 마르크스와 엥겔스를 비롯한 여러 사회주의 사상가들이 주장해온 난해하고 복잡한 철학과 이론이 존재한다. 또 이상 사회의 실현을 위한 방법론, 새롭게 탄생할 공산주의 정치 시스템과 산업화의 방식, 도시와 건물의 건설 방식과 같은 매우 복잡한 스토리도 존재한다. 그래서 작은 종이 한 장에 공산주의 국가의 건설 계획과 미래의 유토피아적 사회의 건설, 모든 사람이 행복하게 사는 모습 등 그들이 꿈꾸는 가상적 미래상을 모두 함축해야 했다.

이는 무척 신선하고 혁신적인 시도처럼 보이지만 사실 프로파간다 포스터의 탄생과 기획 방식은 과거 미켈란젤로가 창조한 시스티나성당화와 유사한 점이 많다. 먼저 물리적 공간의 한계를 들 수 있다. 이들 모두 가상 세계를 구현할 공간에 물리적 크기의 한계성이 존재했다. 공산주의자들에게는 종이 한 장이라는 극도로 제한된 물리적 공간이, 미켈란젤로에게는 성당이라는 건축 공간의 물리적 제한이 존재했다.

프로파간다 포스터의 경우에는 토머스 모어에서 시작된 완전한 유토피아적 평등 사회의 철학과 사상적 이론, 이를 실체화하기 위한 방법론, 심지어 그들의 지도자를 신격화하는 것까지 모두 종이 한 장의 공간 안에 함축적이고 강렬하게 담아야 했다.

시스티나성당의 벽화와 천장화 역시《성경》속에 등장하는 여러 성스러운 스토리들과 수많은 성인의 모습, 사후 세계의 모습, 최후의 심판이 벌어지는 장면, 하나님의 거룩하고 위대한 모습까지 성당의 벽

미켈란젤로의 〈최후의 심판〉

과 천장이라는 제한된 공간에 함축적으로 담아야 했다.

표현 공간의 물리적 제약 외에도, 프로파간다 포스터와 시스티나성당 화가 그 안에 담긴 스토리를 실체화할 때 신화적 전달 방식을 활용한 점도 비슷했다. 신화적 전달 방식은 일반적으로 효과를 극대화하기 위해 현실을 뛰어넘는 초자연적인 이야기를 담고, 등장인물도 초현실적인 수준으로 존재감을 과장한다.

공산주의자들이 꿈꾸는 이상 사회가 현실 세계에서 구현되려면 대중의 절대적 지지와 희생이 필요했다. 공산주의자들이 신화적 전달 방식을 통해 가상적 메시지를 극적으로 만든 것도 이런 이유에서다. 프로파간다 포스터를 통해 마치 천국과도 같은, 풍요롭고 행복한 이상 사회의 청사진을 제공함으로써 사람들이 현실에서 엄청난 노력과 희생을 기꺼이 감수할 수 있도록 유도한 것이다. 이는 기독교 사회에서 사후 세계를 천국과 지옥으로 묘사하는 신화적 장치를 통해 사람들에게 선을 행하고 하나님을 따르게 하는 것과 유사한 방법이다.

종이 한 장에 담긴 종합 선물 세트

프로파간다 포스터에 담긴 메시지가 사람들에게 빠르게 전파되고 강력한 힘을 발휘한 데는 종이라는 매체의 역할도 크다. 프로파간다 포스터는 종이라고 하는 매우 경제적인 미디어의 특성상 대량으로 생산되고, 사회 구성원 모두가 이것을 직접 가까이서 보고 가질 수 있도록 배포되었다.

공산주의자들은 성당의 벽이나 천장에 그려진 그림을 보는 것과는 완전히 다른 방식으로 특별하고 강력한 메시지를 개개인에게 전할 수 있었다. 프로파간다 포스터는 모든 개인이 직접 소유하면서 언제든 꺼내 보거나 개인 공간에 전시해 가상 세계로 원할 때마다 로그인할 수 있다. 오늘날 우리가 각자 모바일 기기를 통해 언제든 소셜 미디어나 메타버스 세계로 접속할 수 있는 것과 유사하다.

프로파간다 포스터는 그림에 사용한 표현 기법도 매우 독특하다. 우선 사물의 색상이나 형체가 사실적이지 않고 과장되어 있다. 특히 원색에 가까운 선명한 색채를 주로 사용해 강렬한 시각적 반응을 일으킨다. 마치 현대의 만화나 초기 메타버스, 컴퓨터게임 그래픽 이미지 같은 느낌이다. 그림에 굵은 테두리 선을 활용하거나 힘 있는 직선적 표현을 많이 활용함으로써 강력한 의지를 드러내기도 한다.

공산주의사회에서 제작된 프로파간다 포스터에서 보이는 공간적 스케일 역시 현실적이지 않다. 마치 여러 종류의 사건이 겹쳐서 동시에 일어나듯이 여러 공간이 콜라주 되기도 한다. 즉, 크기가 제한된 한 장의 종이에 모든 요소를 함축해 담아내려다 보니 모든 것이 극단적이고 과장되게 표현된다. 이는 마치 여러 종류의 과자를 하나의 상자 안에 훌륭하게 담은 종합 과자 선물 세트를 만드는 것과 비슷하다. 둘 다 주어진 콘텐츠나 과자를 한 장의 종이, 하나의 상자에 나름의 방식으로 넣는다. 이때 완성된 결과물의 효과를 극대화하기 위해 재료들의 중요도에 따라 순서와 방식을 정해서 넣고, 빠뜨리는 것이 생기지 않도록 제한된 공간을 최대한 효율적으로 활용한다.

　왼쪽 포스터 속에는 이상적인 국가를 건설하는, 매우 즐겁고 행복한 모습의 노동자들이 있다. 포스터는 이러한 즐거운 노동을 통해 거대한 지하철 공간이 건설되는 시간과 공간을 보여주고 있다. 오른쪽 포스터는 과장된 원근법을 활용했고, 한 장의 종이에 여러 종류의 사건과 시공간을 한꺼번에 보여준다. 배불리 먹을 수 있는 풍요로운 땅과 곡물, 엄마와 아이의 행복한 표정을 통해 사람들에게 이상 사회를 보여준다. 또 무지개를 보여줌으로써 평화로운 이미지를 연출하고 있다.

　　왼쪽은 구소련의 프로파간다 포스터고 오른쪽은 북한의 포스터다. 둘 다 풍족한 삶의 이상향을 표현했다. 왼쪽 포스터에서는 큰 빵을 양손 무겁게 들고 있는 여자의 과장된 모습을 통해 배고픔 없는 풍족한 사회를 보여주고 있다. 오른쪽의 여자도 온갖 종류의 음식을 앞에 두고 있다. 포스터만 보면 이 두 공산주의 국가에서는 모든 사람이 경제적으로 풍요로운 삶을 사는 것처럼 보인다.

　　한편, 대부분의 프로파간다 포스터에서는 공산주의 지도자들이 항상 신격화되고 찬양된다는 특징도 있다. 모두가 행복하고 풍요로운 삶을 사는 이상 사회를 건설해줄 지도자이기에 신과 같이 위대하고 성스러운 존재로 표현되는 것이다. 지도자를 신격화함으로써 공산주의자들은 그들이 꿈꾸는 이상적인 체제를 유지하고 집단 구성원들의 단결과 협력을 끌어낼 수 있고, 지도자를 신과 같은 존재로 여기며 존경심과 충성심을 갖게 된다.

산타클로스는 왜
코카콜라를 마셨을까?

신 vs 친애하는 지도자 vs 산타클로스

코카콜라는 미국 자본주의를 대표하는 상품 중 하나다. 코카콜라의 광고도 자본주의사회의 욕망을 효과적으로 자극하는 가장 상징적인 콘텐츠로 꼽힌다. 그런데 흥미롭게도 코카콜라의 포스터 광고들을 보면 광고의 이미지, 구성과 기획 등이 공산주의의 프로파간다 포스터와 너무나 유사하다. 심지어 마치 복사라도 한 듯이 똑같은 요소들도 종종 찾아볼 수 있다.

공산주의와 자본주의라는 완전히 다른 정치·경제 시스템에서 탄생한 각각의 가상물이 도대체 어떠한 요소로 인해 거의 똑같이 구현되는 것일까? 두 경우 모두 가상성을 극대화한 신화적인 방식으로 가상현실의 세계를 만들어 이를 한 장의 종이에 담는 형식에서 공통점을 발견할 수 있다. 이 한 장의 종이로 전 세계 사람들을 설득하려 했다. 공산주의

자들은 사상과 정치 시스템을, 코카콜라는 제품과 기업 이미지를 대중
이 절대적으로 신뢰하며 따르게 했다.

프로파간다 포스터와 코카콜라 포스터의 공통점

코카콜라는 1886년에 미국의 약사인 존 스티스 펨버턴(John Stith Pem-
berton)이 개발했다. 소화제 용도로 개발된 코카콜라 원액을 탄산수와
배합해 음료로 만들어 팔기 시작하면서 점점 입소문이 났다. 소규모로
판매하기 시작한 코카콜라가 큰 인기를 끌자 이후 투자자들이 몰리면
서 본격적으로 사업화되었고, 대량생산을 위한 대규모 시설과 유통을
위한 저장 시설까지 갖추게 되었다.

현재 우리가 마시는 코카콜라 한 병은 이렇듯 대규모 생산 시설과 저장 시설, 수많은 직원의 노동, 전략적인 마케팅 등 복잡하고 거대한 공정을 거쳐 탄생한다. 소비자 개인으로 보면 콜라 한 병에 불과하지만 그 배경에는 거대하고 복잡한 자본주의 상업 시스템이 존재한다. 한 명의 약사로부터 발명된 콜라지만 그 뒤엔 코카콜라 컴퍼니(The Coca-Cola Company)라는 거대 제국의 신화적인 기업 스토리가 있다.

코카콜라 회사는 전 세계 수십억 명의 소비자를 동시에 상대해야 하지만, 결국에는 소비자 한 사람 한 사람의 마음에 파고들어 하나의 코카콜라 제품을 파는 것이 미션이다. 이 미션을 성공시키려면 소비자에게 행복감과 만족감을 느끼게 하는 것이 중요했다.

프로파간다 포스터가 공산주의의 이상 사회 건설을 위해 가상의 스토리를 한 장의 종이에 탄생시킨 것처럼, 코카콜라의 광고 포스터도 코카콜라 한 병을 마시는 만족감과 행복감을 가상의 스토리로 만들어 포스터 한 장에 함축적으로 표현했다. 이 한 장의 종이가 전 세계 수십억 명의 소비자들에게 전해져 그들의 스토리에 공감하고 매료되어 제품 구매로까지 이어져야 했다.

앞서 설명했듯이, 공산주의는 사상과 이념을 효과적으로 선동·선전하기 위해 신화적인 방식으로 프로파간다 포스터를 탄생시켰다. 대중의 절대적 지지와 희생을 유도하기 위해 그들의 지도자와 사상가를 신격화하는 것이다. 이런 신화적 메시지 전달 방식은 코카콜라에서도 유용하게 활용되었다. 공산주의가 프로파간다 포스터에서 신격화한 것이 그들의 지도자라면 코카콜라는 제품 그 자체를 절대적 존재로 만든다. 코카콜라 광고 포스터에서는 가상의 인물인 산타클로스가 모델로 활약하고, 북극곰이 인간처럼 콜라를 마신다. 겨울에 콜라의 소비가 줄어드는 것을 해결하기 위한 마케팅 전략이었으나, 이 또한 소비자에게는 가상 세계를 통한 신화적 메시지로 전달된다. 코카콜라는 상상 속 인물인 산타클로스와 북극곰까지 즐겨 마시는, 현실 세계의 음료를 넘어 모든 것을 초월하고 아우르는 절대적 세계의 음료라는 이미지를 심어주려는 것이다.

더욱 흥미로운 점은 공산주의 포스터와 코카콜라 광고 포스터 둘 다 그들만의 이상적인 가상의 세계를 만들어내며, 그 안에서 사람들에게 행복을 약속한다는 것이다. 물론 공산주의는 그들이 제공하는 시스템 안에서 한 인간이 살아 있는 동안의 행복을 약속하고, 코카콜라 컴퍼니는 코카콜라의 제품을 마시는 순간의 행복을 약속한다는 차이는 있지만, 두 경우 모두 사람들이 행복해진다는 공통점을 가지고 있다.

광고 포스터 속의 산타클로스는 빨간 망토에 검정 허리띠를 착용하고 하얀 머리칼과 수염이 난, 누가 봐도 코카콜라와 유사한 이미지를 가지고 있다. 게다가 시원한 콜라를 마시며 행복한 표정으로 춤을 춘다. 마치 콜라 한 병으로 행복의 메타버스에 접속한 모습이다.

이처럼 정치 이념과 경제 체제는 물론이고 추구하는 목표도 다른 공산주의 프로파간다 포스터와 자본주의 코카콜라 포스터는 모든 인간의 공통 가치이자 욕망인 '행복'을 매개체로 사람들에게 가상 세계를 제안했다. 행복은 고대부터 현대까지 모든 시대에 걸쳐 우리 인류가 최고로 여기던 가치이며, 미래 메타버스가 가장 중요하게 생각해야 할 가치이기도 하다. 고도화된 기술과 결합한 미래 메타버스가 우리에게 어떤 놀라운 방식으로 '행복'을 제안할지는 알 수 없다. 그러나 기업의 이익만을 위한 마케팅 차원의 구호가 아닌 진정성 있는 제안이라면 우리는 흔쾌히 메타버스 속으로 빠져들 수 있다.

철학으로 만나는
메타버스의 탄생

메타버스를 설명하는 중요한 개념 중 하나가 '버추얼 리얼리티(Virtual Reality)'다. 현대에 버추얼 리얼리티는 '가상현실(VR)'이라는 특정한 기술로 정의되고 있다. 즉 '컴퓨터를 통해 가상현실을 체험하는 기술' 정도로만 알려져 있다. 본래의 의미는 이보다 훨씬 더 철학적이고 광범위하다. 역사 속에서 많은 철학자가 버추얼 리얼리티, 가상성, 가상공간에 깊은 관심을 두고 그 개념을 꾸준히 정의해왔다. 이러한 철학적 고찰은 현대까지도 꾸준히 이어지고 있다.

'버추얼(virtual)'은 가능성, 잠재성이라는 의미의 중세 라틴어 'Virtualis'에서 비롯된 단어다. 실현될 가능성은 존재하나 아직 현실에서 발생하지는 않음을 뜻하는 개념이다. 잠재성 역시 비슷한 개념으로, 겉으로 표출되지 않고 숨은 상태로 존재하는 것을 뜻한다. 예컨대, 하늘에 먹구름이 가득하고 공기의 습도가 높으면 우리는 보통 비가 올 가능성이 크다고 말한다. 현재는 비가 오지 않으나 '잠재된' 비가 곧 내릴 '가능성'을 예견하는 것이다.

이러한 가능성과 잠재성이 있는 가상성의 개념이 실제 현실과 같이 구체화되고 실체화된 상태를 '버추얼 리얼리티'라고 한다. 그래서 버추얼 리얼리티는 인류의 문명과 기술 발전 정도에 따라 구현하는 도구가 달라질 수 있다. 글이나 그림, 건축을 활용할 수도 있고, 오늘날과 같이 디지털 기술을 활용할 수도 있다.

버추얼의 개념과 시뮬라크르, 진짜를 뛰어넘는 가짜

고대 그리스, 중세와 르네상스 시대에도 존재했던 버추얼의 개념은 현대에 와서 질 들뢰즈, 베르그송, 장 보드리야르 등 프랑스 철학자들이 더욱 깊이 다루었다.

질 들뢰즈(Gille Deleuze)는 버추얼리티의 개념을 잘 정의한 사람 중한 명이다. 들뢰즈는 버추얼이 '실제로 구체화되기 이전의 상태로, 실제화될 가능성이 내포된 개념적 상태'이며, 실제로 존재하지는 않으나 실재하는 개념이라고 주장했다. 그리고 '잠재적이고 가상적인 의미로 실재하며 현실에서의 존재(existence)만이 충족되지 않은 것'이며, 다양한 형태와 방식으로 지속적으로 구체화되는 속성을 가지고 있다고도 했다. 즉, 버추얼은 아직 현실에 존재하지는 않으나 구체적인 형태로 존재할 잠재적인 가능성을 가진 상태로 실재한다는 것이다.

들뢰즈는 《베르그송주의(Le Bergsonisme)》에서도 버추얼리티와 액

추얼리티(actuality)를 '현실에 존재하는가', '가능성으로만 존재하는가'
라는 존재의 대립적 의미로 구분하며, 결국에는 두 개념 모두가 리얼리
티(reality)에 속한다고 주장했다.

한편, 철학자 브라이언 마수미(Brian Massumi)는 버추얼을 다른 방
식으로 정리했다. 마수미는 《가상계(Parables for the virtual)》에서 가상
(virtual)은 우리의 감각만으로 접근할 수 없으며, 오직 그 결과물의 효
과와 영향력으로만 느낄 수 있다고 정의했다. 그는 토폴로지(topology)
형태를 사용해 가상(virtual)을 설명했는데, 이 경우 모든 변환의 순간에
만들어진 결과물들이 꾸준하게 중첩되어 가상적 이미지나 형태가 생
성된다고 보았다. 이러한 가상의 성질은 일반적으로 눈에는 보이지 않
고 적절하게 도표화하거나 도식화하기 힘들지만, 상상과 감각 속에서
는 파악할 수 있다고 생각했다.

프랑스 출신 작가이자 사회학 교수인 장 보드리야르(Jean Baudril-
lard)는 《시뮬라크르와 시뮬라시옹(Simulacres et Simulation)》에서 가상과
실체의 관계를 통찰력 있게 정리했다. 시뮬라크르(Simulacres)와 시뮬라
시옹(Simulation)은 시뮬레이션(Simulation)이라는 단어에서 확장된 개념
으로, 보드리야르는 시뮬라크르를 '실제로 존재하지 않는 것을 존재하
는 것처럼, 때로는 존재하는 것보다 더 생생하게 인식되는 대체물'이라
고 정의했다. 모방은 현실에서 실재하는 것을 흉내 내거나 복제하는 것
이지만, 시뮬라크르는 현실에 존재하지 않는 것을 마치 존재하는 것처
럼 만들어내는 것을 의미한다.

보드리야르가 주장하는 시뮬라크르의 개념이 잘 드러나는 대표적

인 사례로 영화 〈매트릭스〉에서 펼쳐지는 가상 세계를 들 수 있다. 영화의 감독인 릴리 워쇼스키(Lilly Wachowski)와 라나 워쇼스키(Lana Wachowski) 자매는《시뮬라크르와 시뮬라시옹》에서 영감을 받아 1999년에 영화 〈매트릭스〉를 만들었다고 한다. 영화에서 등장인물들은 디지털 기기가 만들어낸 허구의 가상 세계 매트릭스를 실제 세상이라고 생각한다. 실제 세상은 가상의 세계에 플러그인하기 위한 거대한 장치이며, 인간은 가상의 세계인 매트릭스 안에서 그들이 원하는 세상을 생생하게 구현한다. 비록 영화지만 보드리야르의 주장처럼 허상인 가상 세계가 현실 세계보다 더 생생하게 인식되는 대표적인 사례다.

보드리야르는 현대사회에서 시뮬라크르는 현실을 대체하기도 하고, 현실이 오히려 시뮬라크르의 이미지를 따르게 되는 주객전도의 상황도 벌어진다고 했다. 시뮬라크르는 현대사회의 실재를 지배하는 존재라며, 미키 마우스와 디즈니랜드를 대표적인 사례로 설명했다.

미키 마우스와 디즈니랜드

보드리야르의 주장에 따르면, 미키 마우스는 쥐를 모델로 창작한 캐릭터지만 결코 단순한 쥐가 아니다. 인간처럼 두 발로 걷고 말하는 새로운 가상적 존재이며, 원래 복제의 대상이었던 현실 세계의 더럽고 혐오스러운 쥐와는 완전히 다르게 사람들에게 사랑받는 존재가 되었다. 미키 마우스는 전 세계 어린이들의 최고의 친구로 자리 잡았고, 어른들에게는 어린 시절의 향수를 일으키는 사랑스럽고 귀여운 존재다. '쥐'라는 대상이 완전히 다른 성질의 복제물인 '미키 마우스'라는 시뮬라크르가 된 것이다. 보드리야르는 어떤 대상을 모델로 만든 가상물이 원본과 연관성을 잃어버리고, 원본보다 더 가치 있는 것으로 여겨질 수도 있다고 주장했다.

디즈니랜드도 마찬가지다. 보드리야르는 디즈니랜드가 '현실을 위장한 허상의 복제물들이 만든 세상'에 불과하며, 이러한 허상의 세상을 통해 인간의 사고를 마비시키고 조종한다고 비판했다. 심지어 미국 사회 전체가 거대한 디즈니랜드와 같이 모든 분야가 허상의 가치를 생산하고 판매하며, 사람들이 현실이 아닌 가상의 이미지나 가치에 빠져들게 조장한다며 현대 자본주의사회를 비판했다.

원본과 복제물의 역학 관계

버추얼과 버추얼 리얼리티에 관한 현대 철학자들의 정의와 주장을 통해 우리는 미래 메타버스에 필요한 중요한 통찰을 얻어야 한다. 그리고 현대 자본주의사회에 대한 비판적 사고를 통해 메타버스의 개념과 정의, 메타버스를 구현하는 방법론과 그 과정에서 만들어지는 실질적 결과물이 우리에게 미치는 영향에 관해서도 생각해야 한다.

특히 보드리야르가 주장한 것처럼 미래의 메타버스 세상도 수많은 디지털 복제물이 만드는 가상의 세상이기에 여기서 논의된 가상물과 현실의 개체, 원본과 복제물의 역학 관계도 살펴보아야 한다.

원본과 복제물의 역학 관계는 서양 철학사에서 오랫동안 다루어져 온 주제다. 그리스 철학자 플라톤은 세계를 세 개의 등급으로 구분했는데, 가장 상위의 세계는 모든 사물의 본질이자 원본이 존재하는 형이상학 세계인 이데아(idea)다. 우리가 사는 현재의 세상은 이러한 원본을 복제한 것이다. 가장 하위 단계는 원본을 복제한 현실을 다시 복제한, 즉 예술품과 같이 복제물(현실)을 복제한 시뮬라크르다.

플라톤의 철학과 세계관은 후대까지 꾸준히 이어져 오다가 르네상스와 과학혁명 이후에 큰 변화를 겪는다. 이 시기에는 과학적 사고의 전환으로 복제물을 최대한 원본과 가깝게 표현하고자 했다. 당시 예술가들이 창작한 회화나 조각 등의 표현 방식, 과학자와 탐험가들이 활용한 동식물의 그림 자료와 별자리 자료를 보면 최대한 원본에 가깝게 그리려고 노력한 사실을 알 수 있다. 다시 말해, 이 시기에 복제물은 원본과 비슷한 가치를 지니고 있다고 볼 수 있다.

원본과 복제물의 역학 관계는 현대사회에 이르러 더 크게 변화한다. 앞서 설명했듯이, 보드리야르는 현대사회에서는 복제물이 원본보다 더욱 중요하게 여겨진다고 주장했다. 과학기술과 산업, 자본주의의 발달로 여러 종류의 미디어가 발전하고 실제보다 더 뛰어난 이미지의 광고가 넘쳐나기 때문이다. 특히 디지털 기술의 발달로 기존 미디어에 더해 여러 소셜 네트워크와 메타버스까지 등장해 이러한 복제물들의 시뮬라크르는 더욱 다양한 형태로 넘쳐나고 있다. 디지털 공간에서 시뮬라크르는 이미지, 동영상, 아바타, 홀로그램 등의 형태로 탄생하고, 매우 촘촘한 네트워크 안에서 유통되며 소비되고 있다.

미래 메타버스 사회에서 형성될 원본과 복제물의 새로운 역학 관계는 양날의 칼처럼 긍정과 부정의 두 가지 효과를 가져올 것이다. 마냥 반길 수도 무조건 부정할 수도 없는 변화에 현명하게 대처하려면 많은 질문과 고민을 통해 더 나은 길을 찾아가야 한다.

사피엔스, 허구적 실체로 원시 메타버스를 창조하다

학자들의 연구에 따르면, 수십만 년 전에는 지구상에 여러 종류의 인류가 살고 있었으나 끝까지 생존한 종은 현재의 인류인 호모사피엔스뿐이라고 한다. 그 이유는 무엇일까? 사피엔스가 처음 등장한 15만여 년 전에 함께하던 다른 인간 종들은 왜 사라졌으며, 7만여 년 전에 다른 종들이 모두 멸종할 때 사피엔스는 어떻게 살아남을 수 있었을까? 그리고 사피엔스는 어떻게 지금과 같은 혁신적인 발전을 이끌 수 있었을까?

이스라엘 출신 역사학자 유발 하라리(Yuval Harari)는 그 이유를 사피엔스만의 새로운 사고방식과 의사소통 방식인 '인지 혁명'에서 찾는다. 약 7만 년 전부터 호모사피엔스는 다른 종들과 달리 언어를 유연하게 사용하기 시작했으며, 이를 통해 무리를 단단하게 결속시키면서 결국 지구상에 유일한 인간 종으로 생존하게 되었다.

사피엔스가 생존을 넘어 지금처럼 번영과 발전을 이룬 바탕에는 그들만의 특별한 언어 능력인 '허구적 스토리텔링 능력'이 있었다. 유발 하라리는 《사피엔스(Sapiens)》에서 "허구를 말할 수 있는 능력이야말로 사피엔스가 사용하는 언어의 가장 독특한 측면이다. 오직 호모사피엔스만이 실제로 존재하지 않는 것에 대해 말할 수 있다"라고 했다. 즉, 사피엔스는 그들만의 가상적 스토리텔링의 능력으로 새로운 사고 능력과 의사소통 방식을 만들었다. 그것을 기반으로 집단을 이루고 사회와 국가를 세웠고, 오늘날에 와서는 디지털 가상 세계인 메타버스를 통해 가상적 스토리텔링의 능력을 확장해나가고 있다.

사피엔스는 어떻게 제국을 건설했나?

인류가 문명을 이루기 전인 원시시대에 사피엔스는 사자나 호랑이와 같은 육식동물을 피하고 들소나 야생마, 사슴 등을 사냥하기 위해 다 함께 지혜를 모아 전략을 세우고 행동했다. 이러한 경험을 기반으로 집단을 위한 강력한 방어력과 공격력을 확보하게 되었고, 무리를 이루어 공동으로 사냥하고 생활하는 사회집단을 이루었다. 그런데 여기에도 한계가 있었다. 무리를 이루는 최대 인원은 150명이었다. 그 이상의 인원을 한 무리에 모으는 것이 불가능했다. 그렇다면 왜 150명이 한계였을까?

유발 하라리는 《사피엔스》에서 인간이 무리를 지을 수 있었던 이유로 '뒷담화'를 꼽았다. 오스트랄로피테쿠스, 호모하빌리스, 호모에렉투스, 네안데르탈인, 호모사피엔스 등의 많은 인간 종 가운데 유일하게 언어 활용에 능숙한 호모사피엔스는 '뒷담화'를 통해 무리를 형성했다고 한다. 뒷담화는 악의적인 능력이기는 하지만 수많은 사람이 모여 긴밀하고 복잡한 협력 관계를 형성하려면 반드시 필요한 능력이라고 설명한다.

다른 인간종과 비교할 때 언어 능력이 뛰어난 사피엔스는 뒷담화를 통해 사람을 모으고 무리를 지었으나 150명이 최대치였다. 150명을 넘어서면 무리의 결속력이 무너져 그중 일부가 이탈해 새로운 무리를 만들었다. 그래서 유발 하라리는 질문한다.

"사피엔스는 도대체 어떤 방법으로 이 결정적 한계를 넘어 수십만이 거주하는 도시와 국가를 만들고, 마침내 수억 명을 지배하는 제국을 건설할 수 있었을까?"

그는 사피엔스가 150명이라는 한계를 극복하고 그 이상의 사람들을 결속해 도시와 국가, 심지어 거대한 제국까지 건립할 수 있었던 것은 그들만의 특별한 능력인 '허구적 스토리의 생산 능력' 덕분이라고 말했다. 언어에 능숙한 호모사피엔스는 뒷담화의 한계를 극복하기 위해 추상적이고 가상적인 실체들을 만들고, 이들을 주인공으로 허구적 스토리를 만들어 집단 간의 동질성과 단결을 공고하게 했다. 이웃과 집단, 새로운 사람과 후세에 이 허구의 스토리를 꾸준히 전달하고 공유함으로써 수많은 낯선 사람들을 집단적 상상으로 결속시키고, 이를 토대로 성공적 협력과 협동을 이끌어냈다.

그뿐만이 아니다. 이야기가 전파되고 무리의 수가 늘어날수록 허구적 스토리도 점점 더 다양하고 정교해졌다. 이는 더 많은 사람을 하나의 무리로 결집시키는 선순환을 일으켰다. 인간은 부족 정신, 국가, 민족, 정치, 철학, 종교 등 추상적이고 가상적인 것들을 전달하고 공유함으로써 집단의식을 만들고, 이를 통해 수많은 새로운 사람들과도 공감하고 협력할 수 있었다.

이렇듯 인류는 허구적 스토리를 만드는 스토리텔링 능력으로 끊임없이 가상성을 탄생시켰다. 이를 기반으로 집단 구성원들을 결속하고 통제하면서 사회와 국가를 형성하고, 그 안에서 더 큰 성장을 위한 도전을 반복하면서 지금의 발전된 세상을 창조했다.

가상성에서 비롯된 사피엔스의 인지 혁명과 교육 혁명

사피엔스라 불리는 인간은 과연 '허구적 스토리'를 어떻게 생산하고 활용하면서 지금과 같은 발전을 이룬 것일까? 인간의 스토리텔링 활동은 문자가 현재와 같이 완전히 확립되기 전에는 대부분 구전으로 이루어졌다. 그들의 스토리는 어떠한 사실에 근거할 수도 있고, 사실과 상상력이 결합한 형태일 수도 있다. 어떤 형태의 이야기든 말을 통한 전파이므로 원본을 그대로 유지하기란 불가능하다. 스토리가 다른 사람에게 전달될 때마다 조금씩 추가되거나 삭제되는 등 변형이 계속 일어나게 된다.

게다가 이야기는 스토리텔러의 감정이나 생각, 선입견 등이 개입되기 쉬워 빈번하게 왜곡된다. 예를 들면 '누군가 밤에 산을 지나다가 짐승과 마주쳐 놀라서 도망을 쳤다'라는 스토리가 여러 사람에게 거듭 전달되면서 짐승은 '호랑이'가 되기도 하고, '뿔 달린 괴물'이 되기도 한다. 놀라서 도망친 것도 '공격을 당해 큰 상처를 입었다', 심지어 '죽었다'와 같이 점점 과장되고 왜곡된다. 이야기가 전해질 때마다 스토리텔러들의 공포가 거듭해 보태지기 때문이다.

이때 스토리에서 '어떤 사람이 산속에서 무서운 생물체를 발견했다'라는 사실은 이렇다 할 변형 없이 계속 전달된다. 그런데 '그 사람이 과연 무엇을 만났는가?', '그래서 어떻게 되었는가?'와 같이 사람들의 호기심과 상상력을 자극하는 부분들은 각 스토리텔러의 주관적 감정과 상상력이 결합해 계속 왜곡이 일어난다. 극도로 과장되고 왜곡된 스토리는 사람들의 공포심을 더욱 자극하고 그들을 단단하게 결속시키는 효과를 낳는다. 물론 공포감 외에도 환희, 슬픔, 안타까움, 분노 등 여러 감정에 공통으로 적용된다. 모든 지역의 신화적 스토리와 종교적 스토리의 가상적 요소가 지나치게 크고 허구적인 것도 이런 이유에서다.

한편, 사피엔스의 가상적인 스토리는 그들의 인지적 능력을 키우는 최고의 도구가 되어주었다. 입을 통해 스토리를 전하려면 우선 이야기에 대한 이해가 필요하다. 들을 때 이야기를 충분히 이해해야 다시 다른 사람이나 후대에 전할 수 있기 때문이다. 또 타인에게 이야기를 전하려면 스토리의 전체를 암기하는 것도 중요하다. 문자가 없던 시절에 사피엔스는 이런 스토리의 전달 과정을 반복하면서 이해력과 암기력 등 인지능력이 저절로 향상되었다.

그뿐만이 아니다. 스토리가 전달되는 과정에서 개인의 상상력과 자기중심적 관점이 결합해 가상성이 덧붙여지는 스토리의 재창조 과정이 일어나는 것이다. 후대로 갈수록 이야기의 덧붙임 현상은 더욱 가속화되고, 인간은 상상력과 창의력까지 향상하게 된다. 다시 말해, 스토리텔링의 방식과 스토리의 반복적인 왜곡 현상은 인간의 인지능력을 폭발적으로 향상시키는 중요한 교육의 프로세스였다.

실제로 일어났던 이야기가 계속 변형되고 왜곡되지만 결국 이 과정은 궁극적으로 가상성을 탄생시킨다는 측면에서 매우 중요한 의미가 있다. 사피엔스가 구전을 통해 이야기를 전하면서 지속적으로 왜곡과 변형을 일으키는 과정은 인간의 창조적 능력과 가상성을 탄생시키는 시초이자 최초의 '인지 혁명'이며 교육 혁명이었던 것이다.

스토리텔링은 인간에게 가상성을 꾸준히 연습하는 매우 중요한 기회였다. 하나의 스토리에 상상과 허구가 결합해 변형과 왜곡이 반복되는 과정에서 각각의 스토리텔러들은 가상성을 생산할 수 있는 인지적 학습이 이루어진다. 창의력과 상상력을 발휘해 가상성을 창조하는 능력을 모두가 저절로 학습하는 것이다.

7만여 년 전에 인류 최초의 인지 혁명을 이끌며 탄생한 가상의 스토리들은 문자와 기술이 발달하자 글이나 책의 형태로 완성된다. 이때부터 더 이상 스토리의 왜곡이 일어나지 않는다. 문자로 기록된 스토리는 이제 온전히 그 형태를 유지하면서 다른 언어로 번역되고, 사람들에게 더욱 빠르게 전파되고 학습된다. 물론 책으로 완성되었다고 하더라도 그것을 읽으면서 각자의 문화와 지역, 개인의 자기중심적 관점에서 왜곡이 일어난다. 이 과정은 이야기가 책으로 완성되기 전인 구전 과정에서 일어나는 왜곡과 비교하면 매우 미미한 수준이다. 그래서 새로운 가상성이 탄생하기보다는 책 속의 스토리가 저마다의 생활방식이나 지역적 특색 등과 결합하고, 각각의 사회에서 하나의 체계로 자리를 잡게 된다.

스토리의 확장성은 엄청난 규모의 사람들을 결속시키는 최고의 비결이 되어주었다. 가상성의 스토리들은 많은 사람에게 공유되고 학습되어 신화, 종교, 문화, 생활양식 등의 형태로 한 집단이나 사회, 국가를 이끄는 중요한 가치로 자리 잡았다. 스토리는 단지 스토리의 형태로만 머물지 않았다. 입을 통해, 문자와 인쇄술을 통해 수많은 사람에게 전파된 허구적 스토리는 예술, 기술, 철학, 문학, 미디어 등 그 시대 최고의 기술로 시각화되고 구체화되었다. 이러한 가상성의 스토리를 바탕으로 창조된 가상물은 수많은 사람을 하나로 결집시키는 집단의식을 형성해왔다.

한편, 인간은 자신들의 가상성을 더욱 확장하기 위해 전쟁도 불사했다. 전쟁 과정에서는 인간의 인지적 능력도 엄청나게 발달한다. 인간이 다른 가치를 가진 집단과 부딪치면 서로에게 자신들의 스토리를 신봉하고 가치를 따르도록 강요하면서 충돌한다. 이때 충돌의 상황이 극대화되면 전쟁이 발발하기도 한다. 충돌의 과정에서 각각의 집단은 생존과 지배를 위해 그들의 지적 능력을 최고로 활용하고, 이를 통해 인간의 지적·인지적 능력이 급격하게 향상되는 것이다.

원시인, 그들만의 가상성을 창조하다

호모사피엔스의 허구적 스토리텔링은 인간 사회에서 등장한 최초의 가상현실적인 행위였다. 이런 가상현실적인 행위는 사냥을 기초로 하는 원시사회에서도 꾸준하게 일어났다. 스페인의 알타미라동굴에는 살아 움직이는 듯한 들소들의 암벽화가 그대로 보존되어 있다. 이 벽화는 기원전 1만 7,000년~1만 5,000년경 후기 구석기시대에 그려졌다고 추정된다. 벽화에 그려진 들소들은 저마다 다른 움직임을 하는데다가 그림의 표현 기법도 원시시대 인류의 작품이라고 하기에는 놀라울 정도로 상세하다. 빨간색, 보라색, 검은색을 사용해 들소를 더욱 사실적으로 묘사했으며, 울퉁불퉁한 바위의 표면을 활용해 들소의 신체를 입체적으로 표현하기도 했다.

이 벽화를 자세히 살펴보면, 동물의 그림 곳곳에 돌에 찍히거나 불

알타미라 동굴벽화

에 그을린 자국이 있다. 학자들은 원시인들이 벽화에 그려진 동물을 대상으로 가상적인 사냥을 한 흔적이라고 추정한다.

미술사학자인 에른스트 곰브리치(Ernst Gombrich)의 《서양 미술사(The Story of ART)》에는 유럽의 한 화가가 아프리카 마을에서 소들을 그린 후에 그림을 가져가려고 하니 원주민들이 크게 실망하며 "당신이 그 소들을 끌고 가버리면 우리는 무엇으로 살아갑니까?"라고 항의했다는 이야기가 나온다. 이 이야기를 알타미라 동굴벽화와 연결지어보면, 원시인들은 동굴 깊숙한 곳에 들소를 그려놓고 사냥하는 가상적인 행위로 사냥에 대한 자신감을 얻고 사냥의 성공을 기원한 사실을 추측할 수 있다.

이는 단순한 주술적 행위를 넘어 인류 최초의 가상적 게임으로도 해석할 수 있다. 원시시대의 인간들은 동굴 안에서 가상의 공간을 설정하고 벽에 그려진 가상의 사냥감을 사냥하는 시뮬레이션을 한 것이다. 그렇다면 현대적 게임의 시조이며, 나아가 완벽한 원시 세계의 버추얼 리얼리티를 창조한 메타버스의 원류라고 볼 수 있다.

후기 구석기시대의 또 다른 유적 중 하나인 프랑스 라스코 동굴벽화도 좋은 예다. 들소와 야생마, 사슴, 염소 등의 역동적인 모습이 그려진 이 벽화에는 이미 사냥으로 상처를 입은 동물의 모습도 있다. 이 벽화가 실제 사냥 전에 사람들의 자신감을 고양시키는 매개체로 사용되었음을 짐작하게 해준다.

이 동굴벽화의 특징은 들소의 그림이 알타미라 동굴벽화의 들소와는 달리 매우 추상적으로 묘사되어 있다는 점이다. 동물의 형태에 가

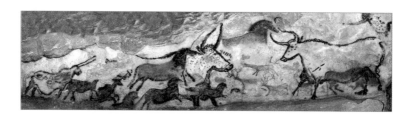

라스코 동굴벽화

상성을 부여해 사냥하는 사람들의 결속력을 다지기 위한 행위로도 추
정된다.

　이처럼 인류는 원시시대부터 동굴벽화를 통해 그들만의 가상성을
만들고 사냥의 전투 의식을 극대화해 집단의 결속력을 다져왔다. 이 역
시 원시적 버추얼 리얼리티의 원형이라고 할 수 있다.

니체에게
메타버스의 철학을 묻다

니체는 《자라투스트라는 이렇게 말했다(Thus Spake Zarathustra)》에서 '신이 모든 것을 창조하고 결정한다'라고 믿는 인류의 오랜 세계관을 부정했다. 대신 인간이 주체적으로 창조하는 삶을 강조했다.

이 책의 주인공인 자라투스트라는 고대 페르시아의 예언자이자 조로아스터교의 창시자인 조로아스터(Zoroaster)를 독일어식으로 발음한 이름이다. 조로아스터교는 인류 최초로 세상을 선과 악의 이분법적 시각으로 정의하고, 사후 세계도 천국과 지옥이라는 두 개의 상반된 세계로 제시했다. 그런데 니체는 "신은 죽었다"라는 말로 이러한 이분법적 세계관과 신의 절대성을 부정하면서 이 책을 시작한다.

니체는 신이 사라진 세상에서 인간은 스스로의 의지와 능력으로 삶을 극복하고 창조하는 '위버맨쉬(Übermensch, overman, 초인)'의 존재임을 강조한다. 주인공인 자라투스트라가 10년간의 은둔을 끝내고 사람들속으로 들어와 "대지에 충실하라!", 즉 "현재 나의 삶에 최선을 다하라"라고 말하는 것도 이런 이유에서다. 책의 초반부에 자라투스트라는 선과 악의 이분법은 잘못된 것이며, 대지 곧 현상세계에서 일어나는 모든 것이 실체이며 진실이라고 고백한다.

불완전하기에 지속적으로 창조할 수 있다

선과 악의 이분법적 세계관에서는 인간은 선을 추구해야 하며, 이것이 곧 신의 선택을 받아 천국에 이르는 길이라고 강조한다. 이 가치관은 기독교 사상에도 영향을 주며 오랫동안 서양의 도덕 관습과 가치 체계를 지배했다. 사람들은 사회와 국가의 도덕적 기준에 맞는 선과 악의 행위를 구분했고, 선을 더 많이 행함으로써 마침내 천국에 이른다고 믿었다.

선과 악의 이분법적 세계관에서 천국은 인간이 궁극적으로 추구하는 진리의 세계라고 말한다. 현실, 즉 현재 우리가 삶을 영위하는 대지에서 일어나는 모든 일은 지나가고 스치는 하나의 현상이자 불완전한 세상이라고 설명한다. 다시 말해, 선을 추구하면서 궁극적으로 도달하는 진리의 세상은 실제로 존재하지만 우리가 현실에서 느끼거나 경험할 수는 없는 세상이고, 현실 세계는 실제로 느끼고 경험할 수는 있지만 불완전하고 착취가 일어나는 악이 가득한 세상이며 결국에는 지나가는 일시적인 세상이라는 것이다.

앞서 살펴보았듯이, 이 또한 가상성의 스토리로 집단의식을 형성해 사회와 국가의 구성원들을 효과적으로 통치하려는 치밀한 장치였다. 사람들에게 선한 행위를 장려하겠다는 취지는 좋으나 그 바탕에는 인간의 실질적인 삶이 구현되는 대지, 즉 '현실 세계는 고통이 가득한 허구의 세계'라는 전제가 깔려 있다. 그들은 당장 현실의 삶이 고통스럽고 힘겹더라도 참고 인내하며 사회가 요구하는 선의 가치를 따른다면 천국에 이를 것이라고 강조했다. 반면 현실은 불완전한 세상이며, 현실에서의 삶은 결국 천국으로 가기 위해 잠시 스치는 하나의 현상에 불과하다고 했다.

이렇게 인류가 절대적으로 믿어온 거대한 믿음 체계를 니체는《자라투스트라는 이렇게 말했다》를 통해 완전히 뒤집어놓았다. 이 책에서 니체는 오히려 지금 우리가 발을 딛고 사는 대지의 세계가 진짜이며, 천상의 세상은 가상의 세계라고 말했다. 그리고 현재의 세상에서 불안정한 개인으로서 위버맨쉬의 의지를 품고 세상을 살아가는 것이 옳다고 주장했다.

니체는 '신은 죽었다'라는 명제를 통해 새로운 변화와 창조를 이끌 주체는 신이 아닌 인간이라고 강조한다. 즉, 인간이 자기의 세계를 실현하는 것은 자신이 믿는 천상 세계를 만들 기본 권리가 신에게서 인간으로 돌아왔음을 선언하는 것이다. 그러므로 현실 세계는 불완전해 보이지만 꾸준히 변화하고 생성하는 특징 때문에 인간에게 그들이 중심이 되는 천상 세계를 구현하라는 것이다.

니체에 따르면, 기독교 사상에서 말하는 영원불멸의 천상 세계는 생성의 세상이 아닌 불멸의 세상이고 불변의 진실적 가치를 가진 세상이다. 이미 모든 것이 생성되어 있고 영원불멸인 천상 세계는 완벽한 세상이므로 새로운 것이 탄생할 가능성이 없다. 반대로 현실 세계는 새로운 변화와 창조가 끊임없이 일어나기에 생성의 세계이며 무한한 가능성과 희망이 있는 세계다.

현실 세계에서 지속적인 생성은 역사적으로 증명된 인간의 가상성을 만들어내는 능력에 기반을 두고 있다. 니체는 인간이 이러한 가상성을 창조하는 능력을 기반으로 현실 세계에서 초인적 의지로 새로운 세상을 계속 생성해나가야 한다고 말한다.

메타버스를 통해 위버맨쉬를 추구하다

미래 메타버스 세상에서 니체의 철학은 매우 의미가 있다. 우선 니체는 천상이라는 죽음 이후의 세계가 아닌, 현재의 세상에서 인간은 자신의 의지를 통해 삶을 더 멋지게 디자인하고 창조해나가야 한다고 강조했다. 니체가 주장하는 창조의 세계는 서구 기독교 문명 세계에서 줄곧 주장해온 '선을 추구하면서 궁극적으로 도달하는 진실의 세상', '천국과 같은 천상의 세계'가 아니라 대지의 세상, 곧 현실의 세상에 존재한다는 것이다. 이것은 메타버스가 추구하는 이상과도 일치한다. 메타버스는 단순히 허구의 가상 세계가 아닌 현실과 연계된 디지털 가상 세계이기에 우리는 이를 활용해 현재의 삶을 더 나은 방향으로 개척하며 자기 가치를 창조해나갈 수 있다.

니체의 철학은 메타버스가 구현할 다양한 활동들의 철학과도 연결될 수 있다. 니체는 '영원회귀'라는 말을 통해 새로운 사후 세계를 제시한다. 죽음은 삶의 끝이 아니며, 인간은 죽음과 동시에 이전의 삶과 완전히 똑같은 삶으로 계속 회귀한다는 전제를 던진다. 이전의 삶이 힘겹고 고통스럽고 후회로 가득하다면 다시 태어나는 삶도 똑같은 모습을 반복한다는 것이다.

니체는 다시 태어나는 삶에서 반복적인 후회와 고통을 겪지 않으려면 지금 이 순간의 삶을 더 나은 방향으로 바꿔야 한다고 강조한다. 모든 인간은 위버맨쉬가 되어 자신의 삶을 스스로 개척하고 창조하면서 가치 있게 만들어야 한다는 것이다. 니체의 주장은 메타버스에서의 활동이 단순한 유희나 일탈이 아닌 인간의 삶을 더욱 발전시키고, 현재보다 더 나은 삶을 추구하는 실용적인 방향으로 구현되어야 함을 의미한다. 메타버스가 현실에서 불가능하고 이상적인 세계만 구현한다면, 천상 세계를 동경하며 현실 세계를 인내하거나 부정하던 과거의 세계관과 다를 바 없다. 당장 눈앞에 주어진 삶에 충실하려면 메타버스에서 하는 활동이 삶과 분리되어서는 안 된다.

"너 자신에게서 경멸할 것이 있는가 없는가? 자기 자신을 경멸할 줄 모르는 사람은 결코 초인이 될 수 없다." 니체의 이 말을 미래 메타버스를 삶의 한 공간으로 받아들이며 적극적으로 활용할 우리는 새겨들어야 한다. 인류의 새로운 기회인 메타버스를 통해 내 삶을 더욱 가치 있게 창조하려면 나의 부족함이 무엇이며, 그것을 채우기 위해 메타버스를 어떻게 활용할 것인지 생각하고 준비해야 한다.

아바타의
과거와 미래

2009년에 개봉한 제임스 카메론 감독의 영화 〈아바타〉에는 파란 피부를 가진 거구의 아바타가 나온다. 아바타는 주인공을 대신해 영화에서 주연처럼 활약한다. 제임스 카메론 감독의 상상력과 우수한 그래픽 기술도 놀랍지만 무엇보다 현대 메타버스 속 아바타의 개념을 2009년의 영화에서 그대로 구현하며 미래를 예지했다는 것이 감탄스러울 정도다.

2150년의 지구와 우주를 배경으로 하는 이 영화에서 인류는 에너지 고갈로 황폐해진 지구를 구하기 위해 1킬로그램에 2,000만 달러나 하는 언옵테늄을 채취하려고 판도라 행성으로 향한다. 지구에서 6광년 거리에 떨어져 있는 판도라 행성은 거대한 암석이 공중에 떠다니고 커다란 나무들이 밀림을 이루고 있는 신비로운 곳이다. 하지만 대기 중의 강한 독성 물질 때문에 인간은 이곳에서 생활할 수가 없다.

인류는 판도라의 원주민인 나비족과 접촉하고 이들과 교류하기 위해 나비족의 DNA와 인간의 DNA를 융합한 인공 육체를 가진 아바타를 만든다. 영화의 주인공인 해병대 수색대 출신의 하반신 장애인 제이크 설리가 아바타를 자유롭게 조정하며 본격적인 이야기가 전개된다.

역사 속 아바타에서 미래의 아바타까지

현대 메타버스의 주인공이자 참여자인 아바타도 영화 속 아바타처럼 가상의 세계에서 특정한 개인을 대리해 말하고 행동한다. 겉모습은 인간일 수도 있고 새로운 형태의 생명체일 수도 있지만 모두 각자의 주인인 인간을 대리한다.

그렇다면 역사 속에서 아바타는 어떻게 창조되고 발전해왔으며, 미래의 전망은 어떠할까? 아바타는 산스크리트어인 '아바타라'를 어원으로 하는데, 이는 '인간 세계에 내려온 신의 분신'을 뜻한다. 힌두교의 관점에서 보면 우리 인간이 사는 현실 세계가 신들의 가상현실이라고 볼 수 있다. 다시 말해, 현실 세계는 신들의 메타버스인 셈이다. 실체의 세상은 신들의 세상이며 현실의 세상은 가짜 세상이다. 신들은 그들을 대리하는 '아바타라'의 형상으로 현실 세계에 등장하는 것이다. 힌두교에서는 신들만이 사는 영원한 세상이 존재하는데, 신들은 인간이 사는 현실 세계가 진리를 잊고 악과 부정에 빠져 있을 때 깨우침을 주고 악으로부터 구원하기 위해 신의 대리자로 아바타를 보낸다고 설명한다.

'인간을 대리한다'는 넓은 의미의 아바타는 과학기술의 발달에 힘입어 머지않은 미래에 크게 두 가지 방식으로 활용되고 발전할 것이다. 첫 번째는 메타버스 시대에서 활약할 새로운 디지털 그래픽으로 탄생하게 될 아바타다. 두 번째는 현실 세계에서 개인을 대신해 활동할 로봇 형태의 아바타다. 이 책에서는 디지털 가상 세계인 메타버스 세상에서 개인을 대리해 활약할 디지털 그래픽의 아바타에 관한 이야기만 해보자.

온라인 공간에서 사용자를 대리하는 아바타가 처음 등장한 것은 1980년대 중반이다. 1985년에 게임 제작 전문 기업인 루카스아츠가 출시한 온라인 롤플레잉 게임 〈하비타트〉에서 아바타는 플레이어의 분신으로 처음 등장했다. 디지털 가상 세계인 메타버스에서 참여자를 대신해 활동하는, 현대적 의미의 아바타가 처음 등장한 것은 1992년 미국의 작가 닐 스티븐슨(Neal Stephenson)이 발표한 《스노우 크래쉬(Snow Crash)》라는 공상과학소설이다.

디지털 기술의 발달과 함께 본격적인 서막을 연 오늘날 메타버스 시대에 아바타는 다양한 디지털 가상 세계에서 개인을 대리하는 역할을 하고 있다. 게임, 커뮤니티, 경제 등 다양한 분야에서 활동하고, 새로운 친구를 사귀고, 취미 활동도 한다. 메타버스에서 아바타가 나를 대리하는 만큼 참여자들은 아바타를 꾸미는 것에도 관심이 많다. 덕분에 세컨드라이프, 제페토, 로블록스, 디센트럴랜드 등의 대표적인 현대 메타버스 플랫폼에서는 아바타를 위한 옷과 신발, 각종 소품 등의 판매가 성행하고 있다.

그뿐만이 아니다. 가상현실을 구현하는 VR 기술과 증강현실을 구현하는 AR 기술의 발달, 각종 디바이스의 개발로 아바타는 시각, 청각, 촉각 등 인간의 모든 감각을 대리할 정도의 수준으로 진화하고 있다.

기술의 발달과 함께 미래 메타버스 세상에서 아바타는 새로운 세상의 주인공이 되어 나를 완벽하게 대리할 것이다. 궁극적으로는 현실의 나와 가상 세계의 아바타는 기기 조작이 아닌 생각과 마음으로 연결되는, 진정한 의미의 또 다른 '나'로 완성될 수 있다.

상상력에 대하여,
메타버스의 출발점

메타버스의 출발점은 단연 상상력이다. 상상력이 가상성을 탄생시켰고, 가상성이 가상 세계를 만들면서 지금의 메타버스에 이르렀다. 제아무리 기술이 뛰어나도 상상력이 없다면 현실에서 새로운 무언가를 구현할 수 없으며, 지금보다 더 나은 변화와 발전도 기대할 수 없다. 미국의 천문학자 칼 세이건(Carl Edward Sagan)도 《코스모스(COSMOS)》에서 상상력 없이 갈 수 있는 곳은 없다"라며 상상력의 중요성을 강조했다.

인류가 가상성을 구체화했던 최초의 방식은 그림이다. 원시인들은 자신의 무리가 용맹하게 사냥하는 모습, 이야기로만 전해 듣던 상상의 괴물 등을 땅이나 바위, 나무에 그려냄으로써 머릿속에만 머물던 가상의 것을 눈앞에 구체화했다. 이후 문명과 과학기술의 발달로 회화는 다양한 형태로 변화하고 발전해왔다. 그러나 모든 미술 작품 속 이미지는 화가의 예술적 상상력으로 창조된 결과물이라는 사실은 변함이 없다.

예술적 상상력은 특정한 동기로부터 비롯된다. 이때 동기는 실제 존재하는 대상일 수도 있고, 머릿속에서 떠오르는 추상적인 이미지일 수도 있다. 이 동기가 예술가의 영감을 자극해 상상력이 발현되고 구체적인 이미지로 탄생하게 된다. 인류 최초의 그림들도 결국 특정한 동기로부터 비롯된 자극이 상상력을 발현시켜 탄생한 것들이다.

상상력은 거짓과 오류인가, 정신의 능동적 능력인가

인간의 상상력에서 시작된 디지털 가상 세계인 메타버스를 이해하려면 서구의 상상력 이론에 기초해 역사 속에서 상상력과 이미지의 관계가 어떻게 이루어져왔는지 간략하게라도 살펴봐야 한다. 서양의 전통 철학은 이성에 기반을 둔 객관적이고 합리적인 사고만이 인류를 발전시킬 수 있다고 믿었다. 반면, 이미지와 상상력은 환상을 만들어 인간을 착각과 기만에 빠뜨리는 부정적인 개념으로 다루어져왔다.

플라톤은 '판타지아(phantasia)'와 '이데아(idea)'의 개념을 제시하며 이미지는 현실에 대한 어떠한 지식도 제공하지 못한다고 생각했다. 아리스토텔레스는 감각과 인지에 의한 대상의 이미지가 정신적인 부분에서 형상화된다고 생각했다. 그러나 예술을 자연에 대한 '모방(mimesis)'이라며 상상력의 측면은 여전히 부정했다. 르네상스 시대에는 이러한 상상력에 대한 부정적 인식이 더욱 고조되어 '육체적인 감각(physical sense)'과 동일시했다. 이렇듯 이미지나 상상력과 같은 감성적 측면은 이성의 방해물인 '거짓과 오류'로 여겨지며 오랫동안 서구 사회에서 기피되었다.

17세기에 이르러 경험주의 철학자들은 경험적 지식을 절대시하며 인간의 실제적인 경험만이 지식과 학문의 바탕이 된다고 주장했다. 그리고 인간 내면의 정신적 영역은 수동적 기관이라고 규정한다. 하지만 인간 정신의 가치를 중요하게 생각하는 낭만주의자들에 의해 인간의 내면에 관심을 두게 되면서 상상력은 정신의 능동적인 능력으로 인식하게 된다.

대표적인 낭만파 시인이자 평론가인 콜리지(Samuel Taylor Coleridge)는 철학과 문학에 몰두하면서 상상력의 개념을 구체적으로 설명하고 이론을 정립했다. 콜리지는 상상력은 '변화를 주도하는 정신 능력'이기에 '현상세계가 감추고 있는 진실을 드러내는 능력'이라고 했다. 체험적인 일차적 상상력과 창조적인 이차적 상상력을 구분함으로써 상상력의 무의식적인 면과 의식적인 면을 함께 언급했다. 시인이었던 자신의 경험을 토대로 사물에 대한 체험에 형태를 입히는 과정을 이론화함으로써 작품을 창조하는 원리를 상상력으로 보았다.

이처럼 과거 서구 철학에서 이성의 방해물이자 오류의 원천으로 여겨진 상상력은 분석심리학의 창시자인 칼 구스타프 융(Carl Gustav Jung)을 비롯한 많은 20세기 철학자들로부터 현대인의 심리적 불균형을 해소하고 내적 풍요를 가져오는 방안으로 주목받기 시작한다. 현상학의 창시자인 후설(Edmund Husserl)은 사실 너머의 본질을 추출하는 과정에서 자각되는 자아의 사유 작용과 깨어 있는 의식을 강조했다. 프랑스의 철학자인 메를로-퐁티(Maurice Merleau-Ponty)는 '경험적 근거'인 지각과 사유를 연결해 정신적 관념의 세계와 체험적 감각의 세계가 분리된 것이 아님을 보여주려 했다.

이처럼 현상학의 철학자들은 인간의 정신 활동에서 가장 중요한 요소로 '상상하는 주체의 의식'에 주목했다. 그러나 이러한 주장들은 이성을 우위에 두고 있는 서구의 전통을 넘어서지는 못했다.

상상력이 이미지를 완성한다

프랑스의 철학자인 가스통 바슐라르(Gaston Bachelard)는 이미지와 상상력의 주관적 세계가 이성보다 우위에 있음을 주장했다. 그는 현실 세계와 꿈의 세계를 연결하는 것은 우리의 감성이고, 이 감성의 세계는 우리가 막연하게 짐작해왔던 것보다 훨씬 구체적으로 인간의 삶에 결정적인 작용을 한다는 사실을 깨달았다고 한다.

바슐라르는 이미지의 대상을 시각적인 형태가 아니라 그것을 이루고 있는 물질로 파악하고자 했다. 예를 들어, 물이 우리에게 의미가 있는 것은 담는 용기에 따라 달라지는 물의 외형적인 형태가 아니라 감성적인 인식 때문이다. 즉, 똑같은 물이라도 폭풍우 치는 바다가 지니는 무서움과 봄날의 시냇물이 지니는 경쾌함은 다른 이미지를 전달한다고 믿었다.

육면체의 물체가 있다고 가정했을 때도 형태를 통해 상상되는 이미지는 물체의 물성마다 다르다고 한다. 같은 크기와 모양의 육면체라고 해도 차가운 금속인 경우와 부드러운 진흙인 경우는 각기 다른 이미지를 떠오르게 한다는 것이다. 진흙의 경우를 예로 들자면, 부드러운 감촉이 촉각을 자극해 이와 연관된 추억을 떠올리게 한다. 곧이어 몽상으로 빠져들게 함으로써 '진흙으로 된 육면체'의 물체가 만들어내는 이미지는 다양하게 확장될 수 있다.

여기에서 진흙은 '우리의 일부가 된 하나의 원초적 물질로서 존재'하게 되는 것이다. 바슐라르가 "촛불을 보는 사람은 불을 바라보는 것이 아니다. 그는 촛불을 바라보며 명상에 잠기는 것이다"라고 표현한 것 역시 내면을 바라보게 하는 불의 물질성을 강조한다. 물질적 이미지는 이렇듯 대상의 물질성을 상상하는 힘에서 비롯된다.

바슐라르는 상상의 세계에도 일정한 질서가 존재한다고 믿는다. 즉, 모든 이미지는 상상으로 만들어지지만 그 과정에는 분명한 규칙이 있다는 것이다. 이것이 '4원소의 법칙'이다. 그는 《물과 꿈(L'eau et les rêves)》을 통해 "우리는 상상력의 영역에서 불, 공기, 물, 흙의 어느 원소에 결부되느냐에 따라 다양한 물질적 상상력을 분류하는, 4원소의 법칙을 규정하는 것이 가능하다"라고 말한다.

바슐라르는 세계적인 작가들과 그들이 창조하는 문학의 특정한 이미지 사이에 어떤 연결 구도가 있는지를 연구했다. 그 결과 작가마다 4원소 중에서 선호하는 원소를 가지고 있고 그것을 무의식적으로 작품에 반영한다는 사실을 발견했다. 예컨대, 호프만(E. T. A. Hoffmann)은 불의 이미지를, 에드가 포우(Edgar Poe)와 스윈번(Algemon C. Swinbume)은 물의 이미지를, 니체는 공기의 이미지를 선호한다고 바슐라르는 말한다.

이미지와 상상력은 대표적인 실존주의 철학자인 사르트르(Jean Paul Sartre)의 사유와 글쓰기에 끊임없이 출몰하는 주제였다. 그는 "상상적이지 않은 사유란 존재하지 않는다"라고 말했을 정도로 상상력을 중요하게 생각했다.

사르트르는 기존의 이미지 개념은 정도의 차이는 있으나 모두가 이미지에 물질적인 성질을 부여함으로써 제대로 된 이미지의 개념을 정립하지 못하고 있다고 말했다. 과거의 대다수 철학자가 이미지를 사물화한 다음 하나의 응고된 덩어리로 간주해 설명하려는 오류를 범하고 있다는 것이다. 사르트르는 이러한 이미지의 개념에 동의하지 않으며 이미지를 사물이 아닌 의식의 활동이라고 주장했다.

이미지와 상상력의 관계를 연구한 학자들의 결론에 따르면, 물질은 본래의 형태인 원형성에는 변함이 없으나 각 개인이 물질성을 어떻게 상상하는가에 따라 각자의 이미지가 다르게 형성된다. 이를 가상공간을 배경으로 펼쳐지는 메타버스에 적용해보면, 시대와 기술 발전의 정도에 따라 메타버스가 구현하는 각 가상공간의 형태는 달라지지만 공간 본래의 형태인 원형성은 변하지 않는다는 것이다.

앞서 말한 스페인의 알타미라 동굴벽화, 프랑스 남부의 라스코 동굴벽화와 같은 선사시대의 동굴벽화만 하더라도 동굴이나 동물의 그림이라는 원형성은 지금까지도 변하지 않고 그대로 유지된다. 그러나 현대의 사람과 선사시대의 사람이 바라보는 이미지는 확연히 다르다. 과거 사람들은 동굴의 어두운 환경, 빛의 변화, 제례 의식의 퍼포먼스, 사냥감을 향한 두려움과 욕망이 작용하면서 현대의 우리가 짐작할 수 없는 엄청난 가상의 이미지가 완성되었을 것이다.

　디지털 가상공간인 메타버스도 마찬가지다. 디지털 기술, 컴퓨터와 모니터, 각종 디바이스, 그 안에서 구현된 고도화된 그래픽 등 본래의 형태인 원형성은 늘 그대로다. 그러나 인간의 상상력이 극대화된 가상 공간의 이미지는 원형성과 완전히 다른 새로운 것으로 창조된다. 메타버스 속에서 구현되는 다양한 공간과 아바타, 인간의 활동도 마찬가지다. 개인을 대리하는 아바타와 현실 공간을 대리하는 건물, 그 안에서 일어나는 행위는 본래의 원형성이 유지된다. 단지 그것을 메타버스 참여자인 개개인이 어떻게 상상하고 활용하는가에 따라 이미지가 달라지고 가상성에도 극명한 차이가 나타날 수 있다.

　같은 것을 보고도 서로 다른 이미지를 떠올릴 수 있는 것이 상상력의 힘이라면, 결국 미래 메타버스 세상에서 우리가 어떤 이미지를 보게 될지는 오롯이 우리의 상상력에 달려 있다.

십자가와 스마트폰이 창조하는 유비쿼터스와 메타버스

유비쿼터스라는 개념이 크게 유행한 적이 있다. 기존에 통화 위주로 활용하던 핸드폰과 컴퓨터의 기능이 결합한 스마트폰이 발명되면서 시간과 장소에 구애받지 않고 언제 어디서나 네트워크에 접속해 컴퓨터가 생산하는 각종 자원을 활용할 수 있는 '유비쿼터스 컴퓨팅(ubiquitous computing)' 환경이 이루어진 덕분이다.

유비쿼터스(Ubiquitous)는 '어디에나 존재하는'을 의미하는 라틴어 'ubique'를 어원으로 한다. 그리고 '유비쿼터스 컴퓨팅'이란 '(신은) 어디에나 널리 존재한다'라는 의미의 영어 단어 'Ubiquitous'와 컴퓨팅이 결합한 단어로 '언제 어디서든 어떤 기기를 통해서도 컴퓨팅할 수 있는 것'을 의미한다.

앞서 말했듯이 유비쿼터스 컴퓨팅 환경에서 개인은 스마트폰으로 언제든 네트워크에 접속해 다양한 정보 통신 서비스를 이용할 수 있다.

네트워크 내에서 개인과 개인의 접속은 물론이고 개인과 사물의 접속도 가능해진 것이다. 유비쿼터스 컴퓨팅이 도시 전체로 확대되면 도시 내에서 빌딩들이 네트워크화되어 모든 것이 스마트폰으로 연동될 수 있다. 즉, 컴퓨터와 정보 통신 기술이 통합한 다양한 기기와 사물에 인간은 언제 어디서나 접속하고 의사소통할 수 있다.

현대사회에서 유비쿼터스는 더 이상 새로운 개념이 아니다. 현재 유비쿼터스는 우리의 삶 깊숙이 들어와 너무나 자연스럽게 활용되고 있다. 스마트폰으로 금융, 쇼핑, 교육, 경제활동을 하고, 회사에서 업무를 보며, 집 안의 가전제품을 제어한다.

언제 어디서나 자유롭게

일반적으로 유비쿼터스의 개념이 처음 등장한 것은 1988년으로 알려져 있다. 미국의 컴퓨터 공학자인 마크 와이저(Mark Weiser) 박사가 차세대 컴퓨팅 비전을 제시하며 유비쿼터스의 개념을 사용했다는 것이다. 그런데 사실 유비쿼터스는 그보다 훨씬 이전에 등장한 개념이다. 1974년에 네덜란드에서 개최된 한 세미나에서 MIT 교수였던 니콜라스 네그로폰테가 "우리는 유비쿼터스적인(어디에나 존재하는) 분산된 형태의 컴퓨터를 보게 될 것이다"라고 최초로 언급했다. 게다가 그는 이미 "컴퓨터가 장난감, 아이스박스, 자전거 등 가정 내 모든 물건과 공간에 존재하게 될 것이다"라고도 예견했다.

유비쿼터스는 새롭게 창조한 용어가 아닌 기존에 있던 말을 시대의 변화에 맞게 재해석한 용어로 볼 수 있다. 유비쿼터스는 원래 신학 용어인 '옴니프레젠스(omnipresence)'에서 유래했다. '신은 모든 곳에 계신다'라는 뜻의 이 말이 현대의 컴퓨터 네트워크 환경과 결합해 '언제 어디서나 자유롭게 컴퓨터 네트워크와 접속하고 활용할 수 있다'라는 의미로 확장된 것이다.

유비쿼터스의 개념이 신학에서 유래된 것에서 알 수 있듯이, 기독교를 비롯한 모든 종교는 '신은 언제 어디서나 존재한다'라고 믿었기에 인간은 늘 신과 접속하기를 바랐다. 이러한 바람은 신과 인간을 연결하는 장치를 만드는 것으로 이어졌다. 십자가나 묵주 등이 대표적인 예다. 십자가나 묵주와 같은 종교적 상징물들은 인간이 신과 접속하고 소통하는 하나의 유비쿼터스였다.

현대적인 의미든 과거의 철학적인 의미든, 유비쿼터스는 '언제 어디서나 가상의 세계'를 구현해주는 환경이다. 과거 중세 사람들은 신은 언제 어디에나 늘 존재한다고 믿었다. 그리고 십자가를 들고 기도하는 순간 신과 교감하면서 가상 세계인 신의 세계로 접속한다고 믿었다. 결국 십자가는 하나님이라는 가상 세계로 접속하는 하나의 매개체다.

스마트폰도 마찬가지다. 스마트폰은 여러 앱을 통해 언제 어디서든 특정한 가상 세계로 접속할 수 있다. 과거 기독교인들이 십자가를 통해 하나님의 가상 세계를 만나는 것과 같은 이치다. 이러한 관점에서 볼 때 결국 십자가나 묵주 같은 종교적 상징물은 지금의 스마트폰과 같이 가상 세계와 연결하는 장치로도 해석될 수 있다. 최근에는 더욱 진화된 VR과 AR 기기를 통해 보다 생생한 유비쿼터스를 경험하고 있다.

십자가와 스마트폰

　이처럼 유비쿼터스는 역사적으로 전혀 새롭거나 낯선 개념이 아니다. 과거의 십자가나 묵주 등 아날로그적 방식의 유비쿼터스 개념과 환경이 인류의 끊임없는 상상과 노력으로 지금은 디지털 방식의 유비쿼터스와 네트워크 환경으로 확장되고 있다. 이제 인류는 끊임없이 상상력을 더해 언제 어디서든 자유롭게 접속하고 연결하는 효과적인 장치이자 환경인 메타버스를 구현해내고 있다.

가상성의 경제와 자본주의 마켓, 현실과 가상의 공존

가상의 가치를 거래하다

인간의 상상력과 창조력은 인간 활동의 가장 중요한 영역인 경제에도 큰 영향을 미쳤다. 그 과정에서 가상의 가치를 사고파는 시장도 생겨났다. 시장은 성질에 따라 크게 물리적 시장과 가상적 시장으로 나눌 수 있다. 물리적 시장은 물건의 교환과 이동 등의 다양한 경제활동이 일어나는 실제의 장소를 말한다.

물리적 시장은 현재는 물론이고 과거 모든 시대 모든 사회에서 존재했다. 초기에는 사람들이 시장에 모여 물물교환 방식으로 상품을 사고팔았다. 그러다가 거래가 점점 활발해지면서 교환 수단으로 화폐가 발명되고, 상품의 가치에 대한 올바른 이해도 가능해졌다. 그 결과 각 상품에 적정한 가격이 매겨지고, 적극적인 생산과 판매를 통한 부의 축적도 일어났다.

물리적인 시장이 형성되는 과정에서 인간은 여러 가지 가상적 가치를 전하는 상품들도 거래를 통해 실제의 돈으로 환산할 수 있다고 생각하게 되었다. 심지어 가장 중요한 거래 매개체인 화폐 역시 원론적으로는 가상적 가치를 가지고 있다. 나아가 인간들은 미래의 가능성과 위험도 등 시간에 기준을 둔 가상적 가치를 돈으로 환산해 거래한다. 어느 순간부터는 이러한 가상의 가치들을 거래하는 가상의 시장이 등장하고, 이것의 영향력이 실제의 물리적 시장을 훨씬 뛰어넘으면서 자본주의사회에서 가장 강력한 시장으로 등장하게 된다.

기술과 함께 시장도 진화하다

손으로 만질 수도 눈으로 볼 수도 없는 가상의 가치를 사고파는 대표적인 가상 시장 중 하나가 증권거래소다. 17세기 네덜란드의 암스테르담에는 역사상 최초의 증권거래소인 '암스테르담 증권거래소(Amsterdamse effectenbeurs)'가 생겨났다. 1609년에 설립된 이 회사는 초기에는 그냥 거래소로 불리다가 훗날 건축가 헨드릭 드 카이저(Hendrick de Keyser)의 이름을 따서 '카이저 거래소'로 불렸다. 2000년에는 벨기에의 브뤼셀 증권거래소, 프랑스의 파리 증권거래소와 병합한 후 현재의 이름인 유로넥스트 암스테르담(Euronext Amsterdam)이 되었다.

1602년에 네덜란드 의회는 민간과 정부의 자본을 결합해 세계 최초의 주식회사인 동인도회사를 설립했다. 21년간의 장기 플랜으로 운영되는 회사인데다 회사의 미래 가치도 높다고 판단했기에 이 회사에 투자하려는 사람들이 많았다. 게다가 회사의 지분을 마음대로 사고팔 수 있다는 조항이 있어 주식 거래도 자유로웠다. 투자자 모집이 끝난 이후에도 주식을 사려는 사람들이 생겨났고, 초기 투자자 중에도 가격만 적절하다면 주식을 팔겠다는 사람도 생겨났다. 회사의 미래 가치, 즉 가상의 가치를 보고 주식을 사려는 사람도 계속 늘어나면서 동인도회사의 주식은 활발하게 거래되고 그 값도 점점 올라갔다.

당시에 주식은 종이로 된 증권 증서 발행이 아닌 장부에 일일이 기록하는 방식으로 거래되었다. 주주 명부에 이름과 지분을 적고 주주가 바뀌면 회계 담당자가 주주명을 고쳤다. 증권도 자금의 소유권을 나타내는 '종이 권리 증서'의 형태였다. 이러한 17세기 주식 거래는 수 세기를 지나는 동안 기술의 발달과 함께 현재와 같이 컴퓨터 전산상의 장부로 대체되었다.

암스테르담 증권거래소를 비롯해 1801년에 세워진 영국의 런던 증권거래소 등 옛날 증권거래소는 현재의 증권거래소와는 사뭇 다른 모습이었다. 당시 사람들은 고전적 스타일의 빌딩에 모여 종이에 이름을 적고 서류들을 직접 교환하며 가상의 가치들을 사고팔았다. 지금의 월스트리트나 여의도 증권가처럼 디지털 디스플레이가 있는 현대적 증권거래소의 풍경과는 많이 달랐다. 그러나 그 안에서 일어나는 행위의 목적만큼은 크게 다르지 않았다. 당시의 증권거래소도 현재의 증권거래소와 같이 기업의 미래 가치라는 가상의 가치를 돈으로 사고팔며 거래가 이루어졌다. 심지어 주식, 옵션, 선도 거래, 주가조작, 배당금 등의 개념도 이미 그 시절에 나온 것들이다.

가상적 가치가 교환될 때 그것이 거래되는 물리적 장소는 중요하지 않다. 중요한 것은 가상의 가치들이 교환된다는 행위 그 자체다. 증권 거래 역시 컴퓨터나 스마트폰의 앱을 활용한 거래가 활발하게 이루어지면서 물리적 공간은 의미를 잃게 되었다. 물론 인터넷과 디지털 기술이 발달하기 전에는 가상의 가치들이 교환될 때 물리적인 공간도 필요했다. 그래서 당시의 증권 거래는 물리적 성질을 가진 실체적인 장소에서 가치 교환이라는 가상성이 동시에 중첩되어 이루어졌다.

현재는 기술의 발달로 증권 거래에서 실제의 물리적 공간은 필요 없어지고 컴퓨터나 스마트폰 내에서 존재하는 가상의 시장이 주류를 이루고 있다. 가상의 공간에서 가상의 가치를 사고파는, 완전한 가상 시장의 모습과 형태가 이루어지기 시작한 것이다.

디지털 가상 세계인 메타버스에서는 이러한 가상의 시장이 더욱 활발하게 기능할 것이다. 완벽하게 구현된 메타버스의 증권거래소에서 개인을 대리해주는 아바타가 주식을 거래하는 모습도 보게 될 것이다. 이때 거래되는 주식도 현실 세계에 실존하는 기업의 주식일 수도 있고, 메타버스 공간에서 생성된 가상 기업의 주식일 수도 있다. 게다가 메타버스에서 거래된 주식은 현실 세계의 돈으로도 교환되며, 현실 세계의 부의 축적과 소비 활동에도 큰 영향을 미칠 것이다.

또한 물리적 공간이 필요했던 과거의 전통적 시장의 형태도 메타버스에서 활발하게 재현될 것이다. 현재의 이커머스는 디지털 플랫폼에서 상품의 구매와 결제만 이루어지는 이차원적 인터페이스다. 미래 메타버스 세상에서는 상품을 직접 입어보고, 냄새도 맡고, 손으로 만져

보는 등 과거 전통적인 시장에서 물건을 거래하던 형태가 그대로 재현될 것이다.

　과거 역사 속에서 시장은 물리적 공간이 필수적이었지만, 기술의 발달과 함께 더 이상 물리적 공간이 필요하지 않은 가상적 시장이 창조되었다. 더불어 디지털 메타버스의 등장과 함께 더욱 정교하고 생생해진 가상적 시장과 과거의 물리적 시장의 형태까지 모두 구현하는 형태로 진화되고 있다.

가상성을 소비하는
현대 자본주의

우리는 종종 미디어를 통해 세계 슈퍼 리치들의 화려한 삶을 엿보게 된다. 그들이 어떻게 돈을 벌었고, 얼마나 많은 돈을 가지고 있으며, 어떤 집에서 살고 어떤 차를 타고 다니는지, 새로 구매한 요트가 얼마나 크고 화려한지 등을 알게 된다. 그리고 부러워한다. 그들의 화려한 삶을 동경하고 흉내 내고 싶어진다. 미디어가 만들어낸 강력한 집단 최면, 즉 자본주의 메타버스에 빠져드는 순간이다.

자본주의 메타버스를 대표하는 콘텐츠는 단연 광고다. 자본주의사회는 시장을 중심으로 모든 것이 결정되는 시장 중심적인 경제 시스템이다. 시장은 더 큰 성장을 위해 창조적 파괴를 하고 기술을 개발해 새로운 상품과 서비스를 계속 생산해낸다. 거의 무한정에 가깝게 생산되는 상품과 서비스는 시장에서 소비를 부추기기 위한 경쟁에 돌입한다. "이것이 당신을 행복하고 기쁘게 해줄 것이며, 모두가 부러워하는 최고로 멋진 삶을 당신에게 선물할 것"이라며 유혹의 메시지를 만들고, 이를 매우 함축적으로 집약해 가상의 생산물인 광고를 만드는 것이다.

자본주의 광고 메타버스에서 소수의 이상적인 모델에 의해 제시되는 가상의 행위는 소비에 한계도 없다. 최고급 차를 타고, 비싼 시계를 차고, 최고급 브랜드 옷을 입고, 최고급 공간에서 최고급 음식을 먹고 마시는 소비 행위를 한다. 이 모든 행위는 짧은 시간에 순간적으로 일어나지만 모두가 그 안에 빠져들어 자신도 그들처럼 되기를 꿈꾼다.

이런 이유로 자본주의사회에서는 명품, 자동차, 화장품, 아파트 등 가상의 광고 생산물들이 잡지, TV, 인터넷 등 여러 매체를 통해 무한정 생산되고 있다. 이것이야말로 자본주의 세상을 함축적으로 보여주는 또 하나의 메타버스라고 할 수 있다.

욕망을 자극하는 자본주의 광고 메타버스

자본주의 경제 시스템에서는 경쟁, 부의 축적, 기업, 소비, 생산, 시장, 부의 측정 시스템, 숫자, 통계, 순위 등이 중요한 요소들이다. TV나 잡지 등의 미디어들이 창조하는 자본주의 광고 메타버스의 세상에서는 이 요소들이 극한의 모습을 보인다. 즉, 엄청난 규모와 생산력을 가진 기업들이 대중의 소비를 부추기기 위해 광고 메타버스를 통해 이상향의 세계를 연출하는 것이다.

영화배우, 가수, 아이돌, 패션모델 등 모두가 동경하고 부러워할 정도의 완벽한 외모를 가진 소수의 남녀를 모델로 등장시키고, 상상할 수 없을 정도로 엄청난 부의 축적과 이를 통한 극단적인 소비의 모습을 보여준다. 상상해보라. '인간 샤넬'로 불리는 블랙핑크의 제니가 머리부터 발끝까지 샤넬로 치장하고 최고급 휴양지에서 스타벅스 커피를 마시고 있다. 광고에서 이 장면을 본다면 우리는 스타벅스 커피를 마시는 것만으로도 마치 고급스럽고 화려한 '인간 샤넬' 제니와 유사한 이미지의 사람이 된 듯한 착각에 빠질 수 있다. 제품을 소비하는 순간 광고 메타버스가 창조해낸 가상성에 온전히 합류하는 것이다.

광고에서 생산되는 수많은 상품을 소비시키기 위한 가상의 공간 또한 매우 매력적인 곳이다. 광고는 극적인 효과를 위해 다양한 공간을 구현한다. 화려한 도심, 고급스러운 휴양지는 물론이고 시공을 초월한 고대 그리스나 로마 시대를 배경으로 삼기도 한다. 수백 년, 수천 년을 지나 과거나 미래로 가서 다른 시대를 재현하기도 하고, 공간을 초월해 천상이나 심해, 우주가 펼쳐지기도 한다. 완벽한 소비를 가능하게 하는 장소라면 어디든 상관없다.

시간과 장소는 물론, 공간의 규모도 그리 중요하지 않다. 스포츠카의 운전석이나 스마트한 사무 공간도 좋고, 초호화 빌라나 최고급 호텔, 파리의 거리, 휴양지 등 대중을 유혹할 수 있는 매력적인 곳이라면 어디든 광고 메타버스의 공간이 된다. 규모로 따지자면 한 평도 안 되는 자동차지만 그것이 최고급 스포츠카라면 이야기는 달라진다. 스포츠카 운전석에 앉은 매력적인 남성이 손목에 찬 시계는 그 자체로 명품이 된다. 비싼 가격의 명품 시계가 멋진 배경과 모델을 통해 그 이상의 가치를 뽐내면서 소비자를 유혹하는 것이다. 이로써 소비자는 광고가

전하는 메타버스의 세계로 완벽하게 빠져들고, 급기야 현실 세계에서 구매라는 행위까지 나아가게 된다.

그뿐만이 아니다. 행복감이 물씬 풍기는 모델의 '미소'는 광고 메타버스의 화룡점정이 된다. 모델이 등장하는 광고 대부분이 언제나 그들의 아름답고 멋진 미소로 마무리된다. 모든 상품은 소비자가 그것을 소비함으로써 얻게 될 행복감과 만족감을 모델을 통해 매우 구체적으로 묘사한다. 그래야 소비자의 감성을 자극하고 유혹해 소비 행위로 이끌 수 있기 때문이다.

광고의 궁극적인 목적은, 광고 메타버스에서 일어나는 가상의 행위를 실제의 현실에서 구현하는 것이다. 이를 위해서는 소비자가 광고 속 모델이 어떤 옷을 입고 있는지, 어떤 시계를 차고 있는지, 어떤 차를 타고 있는지, 어떤 소파에 앉아 있는지, 무엇을 먹고 있는지에 집중하도록 해야 한다. 최고의 공간과 모델, 환상적인 이미지, 매력적인 미소 등이 모두 집약된 덕분에 30초 남짓한 짧은 광고임에도 소비자는 이 모든 중요한 관전 포인트를 놓치지 않는다. 이를 통해 광고에 내포된 가성성을 소비하려는 욕망과 실질적인 소비 행위가 더욱 확대되고 강력해진다.

마르지 않는 샘처럼 돈이 무한하고 지구의 자원 고갈이나 환경오염을 걱정하지 않아도 된다면, 인간은 누구나 원하는 모든 것을 살 수 있는 완벽한 소비를 할 수 있다. 자본주의가 보여주는 최고의 이상향이 바로 이것이다. 무엇이든 원하는 것은 모두 살 수 있는, 완벽한 소비가 가능한 환경을 자본주의는 광고 메타버스를 통해 구현하는 것이다.

추상적 공상과 상상력
그리고 메타버스

인간은 나이나 성별, 인종, 건강 등의 신체적인 상황과 지역, 국가 등의 물리적 공간의 제약에서 완전히 자유로울 수 없다. 하지만 역사 속에서 증명하듯 인간은 그들만이 가지고 있는 특별한 능력인 상상력, 창조력, 지적 능력, 미래에 대한 열정을 기반으로 대부분의 물리적 제약을 거뜬히 넘어설 수 있었다. 그들만의 가상성을 창조하고 실현함으로써 역사 속에서 놀라운 성과를 수없이 이뤄냈다.

원시시대부터 인간은 가상성을 생산하는, 지구상의 여느 생명체와는 차별화된 고유한 능력을 가지고 있었다. 인간의 가상성은 개인마다 나름의 특성과 차이가 있었다. 이는 인간이 자신의 기준에서 세상을 보고 판단하며 가상성을 생산해냈기 때문이다. 수많은 개인이 참여자이자 창조자로 활약할 미래 메타버스 세상에서도 가상성을 생산하는 인간의 상상력은 최고의 자원이 된다.

다수의 대중이 창조하는 미래 메타버스

인간은 지역이나 외모, 집안 등 태어날 때부터 타고난 물리적 요인과 오랜 기간 그가 속한 집단에서 형성된 문화, 사상, 생활양식 등의 비물질적 환경이 결합해 서서히 개인의 특질을 완성해간다. 여기에 사는 동안 주어진 수많은 환경적 데이터와 사적인 경험의 데이터가 꾸준히 중첩되어 한 개인을 형성하는 특별한 데이터가 완성된다. 이 특별한 데이터는 개인이 가상성을 생산하는 기본적 데이터로 작용한다.

인간이 가상성을 통해 추상적 공상, 즉 메타버스에 이르기까지는 개인의 특질적 데이터 외에도 개인의 상상력과 창조성, 개인적 열망과 욕구 등이 꾸준히 보태진다. 또 '나' 외에 타인의 이야기도 합쳐진다. 인간은 자신의 이야기를 하는 것은 물론 남의 이야기를 듣는 것도 좋아해서, 다른 사람들에게 듣는 간접 경험도 보태어 가상성을 창조한다.

과거에 단순히 입에서 입으로 전달되던 타인의 이야기를 넘어 지금은 다양한 경로로 무수히 많은 타인의 이야기를 듣는다. 미디어를 통해 듣게 되는 뉴스, 소설이나 영화를 통해 접하는 다양한 가상의 스토리, SNS를 통해 알게 되는 개인사까지 다양하고 방대한 이야기가 간접 경험으로 보태져 개인의 가성성 창조에 영향을 미친다.

과거에는 개인의 가상성을 자극하고 완성시켜줄 소재들이 한정된 탓에 천재적 재능을 가진 소수의 사람만이 상상과 공상의 세계에 접속해 가상현실을 탄생시킬 수 있었다. 그런데 지금처럼 가상성을 창조하는 정보와 소재가 넘쳐나는 세상에서 개인은 자신만의 가상성을 현실에서 구현하고 싶은 욕망을 갖게 된다. 수많은 개인 창작자가 여러 포털 플랫폼에 소설이나 웹툰을 연재하고, 유튜브에 다양한 창작물을 올리는 것도 이러한 욕망을 현실화하는 대표적인 사례다.

미래에는 지금보다 더 다양하고 많은 가상성이 탄생할 것이며, 그중 상당수가 디지털 가상 세계인 메타버스 환경에서 구현될 것이다. 수많은 가상 데이터와 가상 콘텐츠가 계속 겹치고 쌓이면서 과거와 현재가 서로 꾸준하게 연결되고 융합되며, 이를 통해 새로운 가상 세계를 끊임없이 만들어내는 근원적인 환경이 구축되는 것이다.

이처럼 가상성을 창조하는 데 최적화된 이상적인 환경이 갖춰지면 개인의 상상력도 다양하고 독특해지며 더욱 스마트해질 것이다. 모든 개개인이 꿈꾸고 상상하는 것의 상당수가 가상현실로 창조되고 문학이나 예술, 과학기술 등을 통해 다양한 형태로 구현될 것이다.

미래 메타버스는 결국 인간 개개인의 환경적 특수성과 경험적 데이터, 상상력과 고도화된 기술이 결합해 완성된다. 또한 현실의 세상과는 차별화된 별도의 가상적 세계였던 과거와는 달리 미래의 메타버스는 인간의 다양한 삶과 경험이 반영된, 실제의 세계와 밀접하게 연결된 가상현실 세계로 창조되고 있다.

미래 메타버스를 이끌고 창조해나갈 주인공은 소수의 천재가 아닌 다수의 대중이다. 넘쳐나는 가상성의 재료들에 나만의 추상적 공상과 상상력을 결합해 더욱 특별한 메타버스를 창조하는 것이다. 이렇게 개개인에 의해 창조된 수많은 메타버스는 인류 역사상 가장 크고 다양한 가상 세계를 우리에게 열어줄 것이다.

우리는 이미
메타버스에 살고 있다

'메타버스'란 가상이나 초월을 뜻하는 '메타(meta)'와 현실의 세계를 의미하는 '유니버스(universe)'의 합성어로, 현실과의 경계를 초월한 3차원 가상 세계를 뜻한다. 메타버스의 개념이 처음 등장한 곳은 앞서 소개한 닐 스티븐슨의《스노우 크래쉬》라는 소설이다. 소설의 주인공인 피자 배달원은 진짜 세계와 가상 세계를 넘나들면서 활동하는데, 닐 스티븐슨은 소설의 주요 배경이 되는 가상 세계를 '메타버스'라고 표현했다.

인류에게 가상 세계는 어느 날 갑자기 등장한 새롭고 혁신적인 개념은 아니다. 과거에도 버추얼 리얼리티라는 개념으로 존재했다. 그러다가 웹과 인터넷 등의 가상 세계가 현실 세계에 흡수된 형태로 진보하면서 더욱 광범위한 의미인 메타버스라는 이름으로 사용되고 있다. 메타버스를 구현하는 대표적인 플랫폼으로는 세컨드라이프, 제페토, 로블록스, 디센트럴랜드, 그리고 인스타그램과 유튜브 등의 SNS 서비스를 들 수 있다.

메타버스의 개념이 익숙하지 않은 사람들은 현대의 VR 기술이 구현하는 가상현실과 메타버스를 비슷하게 생각하기도 한다. 하지만 이는 상당한 오해다. VR과 메타버스는 모두 '가상'이라는 공통점이 있지만 추구하는 세계는 분명히 다르다. VR이 실제 현실과 완전히 동떨어진 가상의 콘텐츠를 구현한 것이라면 메타버스는 실제 현실과 거의 흡사하다. 시각과 청각 등의 오감을 활용한 일상의 다양한 경험은 물론이고 사회적·경제적·문화적 환경 등도 거의 실제와 같이 구현되고 작동된다. 최근에 급격히 발전한 온라인 소셜 미디어와 컴퓨터 그래픽, AR 산업, VR 산업 등이 이를 뒷받침해준 덕분이다. 현재는 아직 메타버스의 초보 단계에 불과하나 현실과 가상의 경계를 허문, 실제와 같은 가상 세계의 진입은 계속해서 그 속도를 높이고 있다.

메타버스의 네 가지 유형

현재 메타버스는 크게 가상현실, 증강현실, 라이프 로깅, 미러 월드 등 네 가지 유형으로 구분할 수 있다.

가상현실

가상현실은 현실과 완전히 단절된 완벽한 가상의 세계다. 디지털 플랫폼에서 가상현실의 세계에 접속하면 실제와 같은 생생한 체험을 할 수 있지만, 그 안에서 펼쳐지는 모든 콘텐츠는 현실의 실제 이미지와는 완전히 다른 가상의 것들이다. VR 기반의 메타버스가 구현된 대표적인 영화로는 〈아바타〉, 〈매트릭스〉, 그리고 2018년에 개봉한 스티븐 스필버그 감독의 〈레디 플레이어 원〉을 들 수 있다.

증강현실

증강현실은 지금 내가 사는 이 세상 위에 중첩되어 펼쳐지는 또 하나의 새로운 세상을 뜻한다. 현실에 가상의 이미지나 정보, 스토리 등을 붙여 새로운 세상을 구현하는 기술이다. AR 메타버스의 대표적인 사례로 한때 유명했던 〈포켓몬 고〉라는 게임을 들 수 있다. 〈포켓몬 고〉의 열풍이 거셌던 시기에 사람들이 스마트폰을 들고 돌아다니면서 '몬스터 볼'을 던지느라 서로 부딪히는 진풍경이 벌어지기도 했다.

라이프 로깅

라이프 로깅(Life logging)은 현실의 다양한 경험과 정보, 이미지, 동영상 등을 디지털 플랫폼에 올리고 공유하는 활동이다. 페이스북, 인스타그램, 유튜브 등의 SNS가 대표적인 예다. 라이프 로깅은 현재 전 세계 사람들이 가장 활발하게 사용하는 메타버스 유형으로 영향력이 매우 크다.

10여 년 전인 2011년 봄에 중동과 북아프리카 전역으로 확산한 반정부 시위 '아랍의 봄(Arab Spring)'이 트위터, 페이스북 등의 소셜 미디어를 통해 널리 전파되면서 시민들의 의식을 높이고 저항 운동에 동참하도록 이끈 바 있다. 미국에서는 도널드 트럼프 대통령이 트위터를 활용해 자신의 정치적 메시지를 효과적으로 전달함으로써 정치인으로서 입지를 공고히 하기도 했다.

이렇듯 라이프 로깅의 영향력은 단순히 개인의 일상을 공유하고 교류하는 소셜 미디어의 범주를 넘어 정치, 경제, 사회 전반에 상당한 영향력을 미치고 있다. 특히 유튜브는 지식과 정보의 전달 도구로써 매우 효과적으로 활용되고 있으며, 개인 유튜버들이 자신만의 창의적인 콘텐츠로 많은 수익을 올리기도 한다. 게다가 기존의 TV 매체를 대체하기 시작하면서 개인 방송뿐 아니라 유명 프로덕션, 유명 가수, 영화배우까지 활발하게 참여하고 있다.

미러 월드

미러 월드(Mirror world)는 디지털 플랫폼에 실제 현실 세계와 똑같은 이미지, 정보 등을 마치 거울을 보듯 똑같이 구현하는 메타버스다. 길을 찾거나 위치를 파악하기 위해 사용하는 내비게이션, 구글맵, 네이버 지도, 카카오맵 등이 대표적인 예다. 부동산 업계의 구글로 불리는 질로우(Zillow) 역시 플랫폼에 실사 이미지의 건물과 주위 환경을 3차원 그래픽으로 만들어 실생활에서 보는 모습과 매우 비슷하게 구현하고 있다.

이외에도 유튜브 방송에서 일부 내용을 복제하고 편집해 공유하는 것 역시 미러 월드의 한 형태다.

네 가지 유형의 메타버스는 이미 우리 삶 곳곳에서 활용되고 있다.

덕분에 우리는 하루에도 몇 번씩 다양한 메타버스에 접속하고 활동한다. 그날 있었던 특별한 일과 이벤트를 여러 SNS에 올리고 나의 메타버스로 사람들이 들어오도록 유도한다. 나도 타인의 SNS에 유혹되어 그의 메타버스로 로그인해 라이프 로깅의 메타버스를 즐긴다.

어디 그뿐인가. 낯선 장소를 찾아가기 위해 구글맵을 열어 위치를 파악하고, 로드맵으로 실제 도로와 건물의 모습도 확인한다. 미러 월드에 접속한 것이다. 또 스마트폰의 사진 앱에 접속해 3D 필터로 주위 배경을 온통 꽃밭으로 만든다. 증강현실의 메타버스에 접속한 것이다. 이처럼 우리는 이미 일상의 많은 시간을 메타버스에서 살고 있다. 이러한 현상은 코로나 팬데믹의 영향으로 더욱 가속화되었고, 이제는 우리의 일상과 분리될 수 없는 새로운 삶의 방식이 되었다.

우리는 지금 미래 메타버스로 간다

온라인에서 진행되는 강의는 오프라인 강의와는 많은 차이점이 있다. 오프라인 강의는 강의를 듣는 대상이 누구인지 대부분 예상된다. 기업이나 학교, 각종 커뮤니티에서 특정한 주제로 강의하는 경우는 더더욱 그렇다.

이에 반해 온라인 강의는 강의의 주제에 관심을 갖는 사람들이 시청한다는 사실 외에는 참석자들에 관한 이렇다 할 정보가 없다. 다양한 직업군, 연령대, 각기 다른 취향의 사람들이 강의를 들을 수 있다. 채팅창이나 댓글을 통한 소통도 오프라인보다 훨씬 다양하고 활발하다. 이러한 예측 불가능한 특성이 온라인 강의를 더욱 흥미진진하게 만드는 요소 중 하나라고 할 수 있다.

　이러한 예측 불가능성은 게임에서도 일어난다. 게임 속에서는 여러 다양한 사건과 이벤트가 연속적으로 일어나는데, 그 순간을 잡지 못하면 그냥 사라져버려 해당 이벤트는 없어진다. 예컨대, 게임에서 유저들과 함께 적의 영토를 점령하는 도중에 갑자기 멋진 아이템이 발견되는데 그것을 신속히 습득하지 않으면 바로 사라진다. 그래서 게임의 유저는 순간순간 벌어지는 예측 불가능한 상황에 신속히 대처하려고 최대한 게임 속에 몰입하게 된다.

　메타버스의 가장 큰 특징으로는 동시성과 예측 불가성을 들 수 있다. 온라인 강의나 게임에서처럼, 아니 그 이상의 예측 불가능한 일이 벌어지기도 한다. 메타버스는 세계 각국에서 다양한 개성과 취향을 가진 사람들이 모여 다양한 활동을 하고 실시간으로 소통한다. 그래서 누구와 어떤 일을 하게 될지, 상대와 어떤 대화를 주고받을지, 심지어 어떤 돌발적인 말과 행동이 튀어나올지 그 상황에 직접 처하지 않고서는 예측하기가 어렵다.

생생한 오감의 구현으로 몰입감을 높이다

미래 메타버스에서는 이러한 예측 불가능성이 더욱 강화될 것이다. 오감을 자극하는 신기술이 더해지면 메타버스에서도 실제와 같이 생생하게 오감을 느낄 수 있다. 현재처럼 시각과 청각 위주의 감각기관을 활용하는 것 외에도 촉각, 미각, 후각 등의 다른 감각기관도 적극적으로 활용된다. 이럴 경우 여러 자극이 한꺼번에 입력되니 예측 불가능성이 더욱 커질 수밖에 없다.

디지털 가상공간의 소통이나 활동이 익숙하지 않은 사람들에게는 메타버스의 예측 불가능성이 당황스럽고 심지어 두려울 수도 있다. 그런데 오히려 이것을 큰 매력으로 생각하는 사람들도 많을 것이다. 실제로 게임에 익숙한 요즘 세대는 메타버스의 예측 불가능성을 친숙하게 여기고 즐기기까지 한다. 현실 세계보다 더한 긴장감과 흥미진진함을 주기 때문이다.

이런 이유로 현재 세계 각국의 메타버스 관련 기업들은 인간의 오감을 자극할 센서들을 개발하고 이를 메타버스와 연결함으로써 현실과 가상이 구분되지 않을 정도로 생생하게 구현하려고 노력하고 있다. 긴장감과 몰입감을 높여 더 오랜 시간 메타버스에 집중하고 머물도록 유도하기 위해서다.

2021년에 페이스북의 마크 저커버그는 "5년 이내에 메타버스 기업으로 변신하겠다"라고 선언했다. 페이스북은 회사명을 '메타'로 바꾸면서까지 본격적인 메타버스 진입을 알렸고, 향후 5년 동안 메타버스와 관련한 인력을 1만 명이나 추가로 채용할 계획도 세웠다.

메타는 그들이 구현할 새로운 가상 세계를 기존의 가상현실이나 메타버스라는 용어 대신 '페이스북 리얼리티'라고 부르기도 한다. 그리고 증강현실과 새로운 페이스북 리얼리티가 혼합해 좀 더 발전한 개념을 '혼합 현실(Hybrid Reality)'이라고 부르고 있다. 메타는 그들만의 새로운

용어와 개념을 만듦으로써 기존 다른 기업과는 차별화된 메타버스의 구현을 다짐했다.

메타는 미래 메타버스를 준비하며 메타버스 디바이스의 개발에도 각별한 노력을 기울이고 있다. 2014년에 VR 하드웨어 제조 기업인 오큘러스를 인수한 메타는 VR 헤드셋 기기인 오큘러스 퀘스트를 개발해 VR 헤드셋 분야 세계 1위를 점유했다. 오큘러스 퀘스트는 VR과 AR을 모두 구현할 수 있는데다 대중적인 가격으로 출시해 일반 소비자들 사이에서 큰 인기를 얻었다. 기존 VR 기기들의 높은 가격대가 사람들의 메타버스 진입을 망설이게 하는 장벽이었다면, 메타는 당장의 이익을 추구하기보다 대중적인 가격을 제안함으로써 메타버스 시장의 파이를 키우는 큰 그림을 그린 것이다.

한편, 테슬라의 일론 머스크가 2017년에 설립한 뇌 연구 스타트업 뉴럴링크(Neuralink)는 뇌에 센서를 이식해 인간이 생각하는 것을 컴퓨터와 같은 디지털 기기가 작동하게 하는 기술을 연구하고 있다. 예를 들면, 머릿속에서 "뉴럴링크와 관련한 정보를 검색하라"라는 생각만 해도 컴퓨터가 알아서 관련 정보를 검색해주는 것이다. 현재 AI와 접목된 다양한 디지털 기기가 사용자의 목소리와 언어를 인식하고 명령을 수행하는 것과 유사하다. 뉴럴링크는 말조차 필요하지 않은, 생각만으로도 명령을 수행하는 기술이다. 이 기술이 실제로 완성되어 메타버스에 적용된다면 오감을 넘어 사용자의 머릿속 생각까지 즉시 반영되는 혁신적인 디지털 가상 세계가 열릴 것이다.

메타버스의 기술, 특히 사용자의 생생한 오감을 이끄는 기술은 글로벌 빅테크 기업은 물론이고 전 세계 스타트업에서도 다양한 시도를 하고 있다. 2022년 일본 파나소닉 계열사인 스타트업 쉬프트올은 메타버스에서 사용자가 더위나 추위를 느낄 수 있는 웨어러블 기기 '페블 필'을 내놓았다. 60그램 정도의 매우 가벼운 기기인 페블 필은 블루투스로 연결되며, 특수 제작된 셔츠나 벨트와 함께 착용하면 최저 섭씨 9도에서 최고 섭씨 42도까지 냉난방 효과를 구현할 수 있다.

스페인의 스타트업 OWO는 촉감을 느끼게 해주는 햅틱(촉감) 조끼를 선보이기도 했다. 이 조끼를 입고 메타버스 안에서 게임을 하면 실제 칼에 찔리거나 총에 맞는 듯한 생생한 감각이 느껴진다. 그동안 진동을 느끼는 정도로만 구현되던 촉감 기술이 더욱 다양하고 생생하게 구현되는 것이다.

국내 VR 업체인 비햅틱스도 최근 기존의 햅틱 장갑과는 차별화된 새로운 제품을 선보였다. 기존의 햅틱 장갑들은 수많은 센서가 연결돼 착용은 물론 사용에도 불편함이 컸다. 게다가 높은 비용도 피할 수 없어 대중화되기에는 한계가 있었다. 무선 햅틱 장갑인 비햅틱스는 장갑의 각 손가락 끝에 총 10개의 햅틱 모터를 부착해 편리하게 착용하고 사용할 수 있으며, 비용도 기존과 비교해 낮게 책정해 구매의 장벽을 낮췄다.

이렇듯 메타버스는 그래픽 기술을 넘어 이제 인간의 다양한 감각을 생생하게 느낄 수 있는 기술로 진화하고 있다. 게다가 일론 머스크의 연구가 성공한다면 이제 우리는 불편하게 헤드셋이나 고글, 장갑, 조끼 등의 기기를 장착하지 않고도 머릿속의 생각만으로 메타버스 세상을 마음껏 즐길 수 있다. 머지않은 미래에는 상상을 초월하는 기술들이 개발되어 진정한 의미의 메타버스가 일상에서 펼쳐질 것이다.

현대 메타버스의 시조, 세컨드라이프

현대 메타버스의 시작을 연 것은 2003년도에 탄생한 세컨드라이프 (Second Life)라고 할 수 있다. 세컨드라이프는 린든 랩(Linden Lab)이 개발한 인터넷 기반의 3차원 가상 세계 게임 플랫폼이다. 세컨드라이프의 이용자는 자신을 대리하는 아바타를 만들어 다른 아바타들과 소통하면서 취미, 게임, 경제활동 등 다양한 상호작용을 한다. 땅을 사고 건물을 지어 회사를 차리거나 장사를 하기도 한다. 심지어 부동산을 거래할 수도 있다.

당시로서는 혁신에 가까운 엄청난 시도였다. 가상공간에서 승부를 가리는 롤플레잉 게임(RPG)이나 소통과 네트워킹에 중점을 두던 여느 플랫폼과 달리 세컨드라이프는 이미 인간의 삶을 구현하는 미래 메타버스를 향해 나아가고 있었다. 덕분에 IBM, BMW, 삼성전자, 아마존, 도요타자동차, 로이터통신 등 유수의 글로벌 기업이 앞다투어 세컨드

세컨드라이프 앱

라이프로 입성했다.

화려했던 과거와 달리 현재 세컨드라이프는 사람들의 기억에서 사라지고 있다. 2000년대 중후반 들어 이용자들이 점점 떠나가고 기업들도 철수하면서 세컨드라이프는 결국 실패를 인정해야 했다. 수천만 명의 이용자를 확보한 현대의 인기 메타버스 플랫폼과 비교할 때 세컨드라이프의 이용자는 10분의 1 수준인 400만~500만 명 정도였다. 높은 사양의 컴퓨터가 필요했고, 아바타의 조작도 쉽지 않은데다 플랫폼이 제공하는 여러 기능을 활용하려면 비용도 많이 들었다. 이런 이유로 메타버스의 주된 이용자인 10대와 20대가 진입하기에는 한계가 있었다.

더군다나 기술적 한계도 세컨드라이프 성장에 걸림돌이 되었다.

당시 3G나 LTE 네트워크 환경에서는 세컨드라이프가 제공하는 방대한 3D 그래픽 데이터를 처리하기가 벅찼다. 이용자가 주로 미국에 국한되어 있다는 점도 세컨드라이프가 글로벌 경쟁에서 실패한 주요 원인 중 하나였다.

세컨드라이프는 여러 실패 요인을 극복하지 못해 결국 사람들에게 잊힌 존재가 되었다. 그러나 디지털 메타버스의 시작을 열어준 훌륭한 시도였다는 점에서 그 의미는 매우 크게 평가된다. 특히 3D 그래픽으로 구현된 생생한 아바타, 가상공간의 다양한 활동, 플랫폼 전용 가상화폐를 통한 경제활동까지 오늘날의 메타버스 기업들에게 하나의 길잡이가 되어주었다고 해도 과언이 아니다.

세컨드라이프, 혁신적인 아바타의 모델을 제시하다

현실 세계에서 이루어지는 모든 경험을 가상 세계에서 생생하게 구현하려면 메타버스 내에서 나의 역할을 대리하는 아바타가 필요하다. 과거에는 아바타가 단지 흥미의 요소로서 가상의 세계에 존재했다면, 현재의 아바타는 인간의 오감을 실제와 같이 구현하는 것은 물론이고, 인간처럼 서로 어울리며 커뮤니티를 이루고 밀접하게 관계를 맺으며 현실에서와 같은 다양한 사회 활동을 하는 방향으로 나아가고 있다.

세컨드라이프에서 등장하는 아바타는 이러한 현대적 관점의 아바타 기능을 거의 완벽하게 수행한다. 아바타는 단순한 가상 캐릭터가 아닌 나를 대리하는 존재다. 세컨드라이프라는 가상의 게임 속에서 아바타는 나를 대신해 능력을 발휘하고 매력을 어필하는 제2의 나가 된다. 그래서 아바타의 외형을 어떻게 디자인하는가도 참여자들에게는 흥미롭고 중요한 일이다.

세컨드라이프에서 참여자들은 나와 꼭 닮은 아바타를 만들 수도 있고, 이목구비는 물론이고 피부색이나 머리카락 색, 나이나 체형 등이 완전히 다른 아바타를 만들 수도 있다. 심지어 동물도 될 수 있고 동물과 인간이 융합한 형태도 될 수 있다. 현존하지 않는 가상적 존재의 모습으로도 활동할 수 있다. 그래픽 프로그램을 다룰 수 있다면 플랫폼에서 만든 아바타의 외모를 변형해, 비슷하지만 다른 나만의 차별화된 아바타도 만들 수 있다.

이렇게 나의 취향대로 창조된 아바타는 세컨드라이프에서 평소 내가 원하고 상상하던 다양한 활동을 하고, 이를 통해 현실과는 다른 가상공간에서 새로운 삶을 설계한다. 디지털 가상공간 속에서 친구나 연인을 만날 수도 있고, 상품이나 부동산을 거래할 수도 있다. 평소 바라던 오지 탐험을 하고 현실의 몸치 신세에서 벗어나 최고의 댄서가 되기도 한다. 말 그대로 가상 세계 안에서 제2의 인생, 세컨드라이프를 살아가는 것이다.

더욱 매력적인 점은 세컨드라이프에서 사용하는 화폐 '린든 달러(Linden Dollars)'를 현실 세계의 화폐로 교환할 수 있다는 사실이다. 가상 세계에서 경제활동을 통해 돈을 벌면 현실 세계의 자산도 함께 증식되는 구조이니 가상과 현실의 경계가 무너진 진정한 의미의 메타버스인 것이다.

게임이 아니다, 라이프다

세컨드라이프가 현대 메타버스의 시작을 열 수 있었던 것은 단순한 소통의 플랫폼이 아닌, 이전과는 전혀 다른 가상의 세계를 보여주었기 때문이다. 이 공간에서는 아바타를 통해 가상의 경제·사회·문화생활이 모두 가능하다. 세컨드라이프에서 나의 아바타가 할 수 있는 일은 대표적으로 여행, 쇼핑, 롤플레잉, 경제활동, 취직, 부동산 거래 등이 있다.

여행

현실 세계에 존재하는 세계 각국의 다양한 명소나 휴양지부터 여러 행성이 있는 광활한 우주, 깊은 바닷속은 물론이고 지옥이나 천국과 같은 상상의 세계도 여행할 수 있다.

제작

땅을 제외한 의상, 가구, 액세서리, 아바타 등 눈에 보이는 모든 오브젝트를 참여자가 직접 만들 수 있고, 그중 퀄리티가 뛰어난 것은 공식 장터에 내놓아 거래를 통해 돈도 벌 수도 있다.

쇼핑

현실 세계처럼 돈을 주고 다양한 아이템을 구매할 수 있다. 플랫폼에서 통용되는 화폐인 린든 달러를 현실의 돈을 주고 환전해 쇼핑을 해도 되고, 세컨드라이프에서 직접 돈을 벌어 쇼핑을 해도 된다. 돈만 주면 아바타도 새롭게 구매할 수 있어 다양한 삶을 살아볼 수 있다.

롤플레잉

말 그대로 역할극을 하며 놀이를 즐겨도 된다. 사냥꾼이 되어 원시시대의 초원에서 맹수 사냥을 즐겨도 되고, 무림 고수가 되어 도전자를 물리쳐도 되고, 슈퍼 경찰관이 되어 도시의 범죄자를 소탕해도 된다.

경제

기업을 설립하고 자신만의 아이템을 개발해 판매해도 된다. 사람들이 필요로 하는 서비스를 제공하고 돈을 벌 수도 있다.

취직

플랫폼 내의 기업에 취직해 월급을 받아도 된다. 참여자들의 상당수가 취업보다는 1인 기업을 창업해 돈을 버는 것을 선호하지만 여전히 취직을 통해 돈을 버는 사람들도 있다.

부동산

세컨드라이프의 전용 화폐인 린든 달러를 내면 누구나 땅을 소유할 수 있다. 플랫폼 속의 수많은 땅에는 검색량, 참여자 수, 참여 시간 등에 따른 '통행량'이라고 불리는 활성화 지수가 있다. 통행량이 낮은 땅을 싼값에 매입해 활성화시킨 후에 비싼 가격으로 되팔 수도 있고, 건물을 지어 임대할 수도 있다.

세컨드라이프의 모티브, 버닝 맨

린든 랩의 CEO 필립 로즈데일은 '버닝 맨(Burning Man)'이라는 미국의 이상적 공동체 행사에서 영감을 받아 가상 세계인 세컨드라이프를 디자인했다고 한다. '버닝 맨(Burning Man)'은 미국 네바다주의 블랙록사막에서 매년 8월의 마지막 주에 시작해 대략 일주일 정도만 개최되는 국제적 규모의 축제다.

1986년 예술가 래리 하비가 샌프란시스코 해변에서 친구들과 함께 2.4미터의 나무 인간을 불태운 퍼포먼스에서 비롯된 이 행사는 이후 사회, 예술, 문화가 어우러진 융합적 형태로 발전했다. 매년 세계 각지에서 수만 명에 달하는 사람들이 이 행사에 참여하는데, 그중에는 다양한 장르의 예술가는 물론이고 구도자, IT 기업의 CEO도 있다.

참가자들은 행사가 진행되는 동안 공동으로 생활하며 디자인, 건축, 음악, 예술, 춤 등 다양한 장르에서 자유롭게 작품을 만들고, 전시와 공연을 통해 다른 참가자들과 작품을 공유하며 즐긴다. 이 행사를 위해 블랙록사막에는 반경 8킬로미터가 넘는 거대도시가 만들어지는데, 행사의 종료와 함께 도시는 흔적도 없이 깨끗하게 사라진다.

필립 로즈데일은 버닝 맨 페스티벌의 취지와 의미를 디지털 가상 세계에서 구현하고자 세컨드라이프를 개발했다. 디지털로 구현된 가상 세계에서만이라도 사람들이 각자의 개성과 자유를 존중하며 차별 없이 평화롭게 살아가는 유토피아를 꿈꾼 것이다. 이는 1516년 토머스 모어가 주장한 유토피아를 그만의 방식으로 재창조한 것이다.

버닝맨 페스티벌 구역　　　　　　　　버닝맨 페스티벌

　　미래 메타버스가 추구하는 세계 또한 버닝맨 페스티벌의 취지와 의미, 세컨드라이프가 꿈꿨던 새로운 제2의 인생과 크게 다르지 않다. 각자의 취향과 가치관이 존중되고, 타인에게 해를 끼치지 않는다면 다양한 도전과 창조를 즐길 수 있는 자유로운 세상이 바로 메타버스다. 무엇보다 현실 세계와 연계되면서 단순한 놀이나 즐거움이 아닌 우리의 삶에 긍정적인 영향력을 끼치고 시너지를 일으키는, 현실과도 같은 가상의 세계가 바로 메타버스다.

게임으로 구현하는
메타버스

기술의 발달과 함께 메타버스는 인간의 다양한 일상을 디지털 가상의 세계로 옮겨 왔다. 그럼에도 적지 않은 사람들이 여전히 메타버스를 게임 정도로만 생각하는 경향이 강하다. 초기 메타버스가 게임의 형태로 시작된 것도 있겠으나 메타버스가 구현하는 디지털 가상의 공간에서 게임의 기능이 그만큼 강력하기 때문이기도 하다.

이러한 시대적 변화에 발맞춰 기존의 글로벌 게임 회사들도 프로그램에 메타버스의 요소를 추가함으로써 본격적인 진화를 시도하고 있다. '게임계의 유튜브'로 불리는 로블록스(Roblox)는 미국 어린이의 3분의 2, 청소년의 3분의 1 이상이 가입할 정도로 인기가 높은, 세계 최대 규모의 메타버스 게임 플랫폼이다.

'초딩들의 놀이터'라는 별명까지 붙은 로블록스에 대한 관심은 부모 세대로까지 이어지고 있다. 내 아이를 이해하고 아이와 원활하게 소통하려면 왜 이렇게 아이들이 로블록스에 열광하는지 알아야 하기 때문이다. 앞으로 세상을 이끌어갈 Z세대와 알파세대가 주목하는 것이 무엇인지 알아야 미래를 대비할 수도 있다.

로블록스에서 현대와 삼성은 '현대 모빌리티 어드벤처'(2021년)와 체험형 가상공간인 '삼성 스페이스 타이쿤'(2022년)을 선보였지만, 기대와는 달리 방문자 수는 미미하다. 플랫폼의 주된 이용자인 Z세대에게 현대와 삼성은 관심 밖의 기업이기 때문이다. 그럼에도 많은 글로벌 기업이 로블록스와 같은 메타버스 공간에서 미래 고객인 Z세대와 친숙해지기 위해 마케팅을 펼친다. 10년 후 산업과 경제를 이끌어갈 주역이기에 그들이 열광하는 메타버스를 주목하는 것은 당연한 일이다.

Z세대는 왜 로블록스에 열광하는가?

미국에서 실시한 설문조사에서 10대 응답자의 52%가 "현실 친구보다 로블록스 안에서 사귄 친구와 더 많은 시간을 보낸다"라고 답했다. 그렇다면 왜 이렇게 어린이와 청소년은 로블록스에 열광하는 것일까?

2004년에 데이비드 바수츠키(David Baszucki)와 에릭 카셀(Erik Cassel)이 설립한 로블록스는 2006년에 게임 서비스를 시작했고, 이후 메타버스의 열풍에 힘입어 더욱 유명해졌다. 3D 기술의 입체화된 가상 세계에서 이용자를 대리하는 아바타끼리 서로 소통하고 함께 게임을 즐긴다. 여기에 아바타 패치, 음성 채팅 등 다양한 기능이 추가되면서 메타버스를 대표하는 게임 플랫폼으로 인정받기 시작했다.

로블록스가 여느 게임 플랫폼과 차별화되는 특징 중 하나는 이용자가 직접 게임을 제작하고 업로드하며 서로가 만든 게임을 즐길 수 있다는 점이다. 플랫폼에 올라온 게임의 종류만 해도 5,000만 개에 달해 이용자들은 다른 게임 플랫폼에서는 접할 수 없는 새롭고 다양한 게임을 플레이하는 즐거움을 누릴 수 있다. 현재 로블록스 내에서 즐길 수 있는 게임의 유형은, 1인칭 슈팅 게임, 3인칭 슈팅 게임, 타이쿤 게임, 시뮬레이터 게임, 롤플레잉 게임, 일상 롤플레잉 게임, 경찰과 도둑 게임, 스토리 게임, 미니 게임, 경쟁 게임 등이다.

다양한 게임을 즐기는 것 외에도 로블록스에서는 비슷한 관심사를 가진 사람들과 함께 그룹을 만들 수도 있다. 팬클럽, 지원 그룹, 취미, 비즈니스 등 모든 종류의 그룹 생성이 가능하며, 그에 맞는 다양한 활동도 할 수 있다. 실제 게임 이용자들은 그룹의 친구들끼리 영상통화를 하면서 소통과 게임을 동시에 즐긴다고 한다. 이는 현실과 가상을 넘나들며 소통하고 활동하는 메타버스 인류의 전형적인 모습이라고 할 수 있다.

이외에도 로블록스의 가상 화폐 '로벅스(Robux)'가 현실의 실제 화폐로 교환된다는 것도 차별점이자 장점이다. 로블록스 플랫폼에서는 로벅스로만 모든 거래가 가능하다. 현실의 화폐로 살 수 있는 로벅스를 사용해 아바타를 장식하는 옷이나 아이템, 게임에 활용할 각종 아이템, 게임 패스, 유료 게임 입장권 등을 구매할 수 있다.

로벅스는 현실의 실제 화폐와 교환되기에 실질적인 수익 창출의 창구가 되기도 한다. 이용자는 관리자의 허가만 받으면 자신이 제작한 디지털 아이템을 판매할 수 있다. 자신이 개발한 게임이 이용자들에게 인기를 얻으면 광고 수익도 올릴 수 있다. 이런 수익 창출의 구조를 활용해 로블록스에서 억대 연봉자 수준의 수익을 올리는 이용자가 300명이 넘는다고 한다.

한편, 로블록스는 이용자들을 위한 이벤트를 종종 개최하기도 한다. 일반 이용자들을 위한 블록스콘(BloxCon)이라는 컨벤션을 주최하기도 했고, 2008년부터는 매년 부활절을 기념해 게임 속에 숨겨둔 달걀을 찾는 에그 헌트 이벤트를 주최하기도 한다. 그 밖에도 게임 플랫폼 내에서 영화 홍보 이벤트를 하거나 연말 어워드를 통한 모금 활동 등 현실 세계와 연계된 가상 이벤트를 개최하기도 한다.

다른 아바타들과 함께 어울리며 소통하고 게임을 하는 것은 물론이고, 각종 이벤트도 참여할 수 있는 로블록스 구조는 메타버스의 모습과 매우 흡사하다. 게다가 플랫폼 내에서 통용되는 가상 화폐를 이용자가 콘텐츠 개발과 판매를 통해 직접 벌 수 있고, 현실의 화폐로 교환할 수 있다는 것 역시 가상 세계와 현실 세계를 연동할 메타버스의 미래를 잘 보여준다.

Z세대가 로블록스에 열광하는 것은 게임과 소통의 공간이기 때문만은 아니다. 이용자가 직접 인간 활동에 필요한 친목, 오락, 게임, 경제 등 가상 환경을 생성하고 활성화하는 특징이 주체적이고 개성이 강한 Z세대의 마음을 강하게 사로잡은 것이다. 이러한 특성은 미래 메타버스의 모델이기도 해서 앞으로 더욱 많은 이용자가 참여하고 경험하는, 그들만의 생태계를 이루어나가리라 기대된다.

메타버스 시대의 신인류,
디지털 MZ세대

메타버스 진화의 1등 공신은 무엇일까? 당연히 기술이다. 그런데 아무리 기술이 발달해도 적극적으로 활용할 사람이 없다면 어떨까? 최고 성능의 식기세척기도 사용자가 손으로 직접 설거지하는 것을 선호한다면 결국 장식용 가구만도 못한 신세가 된다. 값비싼 명품 가방이 있어도 장롱 속에만 고이 모셔둔다면 일회용 비닐봉지만도 못하다. 그런 의미에서 메타버스 진화의 1등 공신은 사용자인 디지털 MZ세대라고 할 수 있다.

디지털 영상과 게임이 일상화된 MZ세대에게 디지털 환경은 낯설기는커녕 새롭고 흥미진진한 도전일 뿐이다. 메타버스도 마찬가지다. 게임을 통해 이미 메타버스 환경에 익숙해진 MZ세대는 더욱 생생하고 발전된 메타버스를 기대한다.

디지털 친화적인 MZ세대에게 디지털 가상 세계는 현실과 동떨어진 허황된 상상의 세상이 아니다. 그들은 이미 메타버스 안에서 친구를 사귀고 자신의 개성을 뽐내는 취미 활동도 한다. 자신의 창작물에 고유 인식 값을 부여해 원본을 인증받고 이를 판매해 수익을 올리기도 한다. 단순히 게임만 즐기던 기존의 가상 세계를 뛰어넘어 이제 메타버스는 삶의 일부가 되어가고 있다.

MZ세대는 이미 메타버스에서 산다

메타버스가 얼마나 현실 세계와 연계될 수 있는가도 메타버스 발전의 중요한 요소가 된다. 메타버스라는 가상의 세계가 현실과 완전히 동떨어진 별개의 세상이라면 사람들의 관심은 오래 이어지기 어렵다. PC방처럼 소수의 게임 애호가들만 몰려들거나 현실 세계에서 도피하고 싶은 공상가들만 즐기는 제한된 가상 세계가 될 것이다.

물론 미래 메타버스의 궁극적인 목표는 가상 세계와 현실 세계의 완벽한 연계와 융합이다. 메타버스는 현실도피자나 공상가들만 찾는 별개의 세상이 아닌 평범한 사람들이 일상의 일부로 생각하고 활동하는 또 하나의 세상이기 때문이다.

이런 이유로 기업들이 구현하는 메타버스 세상도 점차 진화하고 있다. 네이버가 운영하는 메타버스 플랫폼인 제페토는 누적 가입자 2억 명 중 MZ세대가 80%에 달한다. 이용자 연령층은 메타버스 게임 플랫폼인 로블록스와 비슷하나 제페토는 인간의 '삶'에 초점을 맞춘 가상 세계라는 점에서 크게 차별된다.

1980년대 초반부터 2000년대 초반까지 출생한 밀레니얼 세대와 1990년대 중반부터 2000년대 초반까지 출생한 Z세대를 통칭하는 'MZ세대'는 이미 메타버스를 일상의 한 공간으로 활용하고 있다. 가상 세계에서는 실체를 알 수 없는 낯선 친구만 사귀는 것이 아니다. 현실의 친구들과 약속하고 메타버스 안의 특정 공간에서 만나 일상의 이야기를 나누고 과제를 함께 해결하기도 한다. 코로나 팬데믹으로 현실 공간에서 직접적인 만남이나 행사를 갖기 어려워지니 일부 대학들은 입학식이나 대학 축제와 같은 행사를 메타버스에서 진행하기도 했다. 학생들은 자신을 대리할 아바타를 멋지게 꾸며 친구들과 메타버스 교정에서 함께 어울리며 행사를 즐겼다.

그뿐만이 아니다. MZ세대는 좋아하는 스타의 공연도 메타버스 세상에서 즐긴다. 세계적인 래퍼 트래비스 스콧이 지난 2020년에 온라인 게임 플랫폼인 포트나이트 메타버스에서 개최한 콘서트에 약 2,800만 명에 달하는 플레이어들이 참여해 음악을 즐겼다. 한류 열풍의 주역이자 세계 최고의 보이 그룹인 BTS(방탄소년단)도 메타버스에서 뮤직비디오를 선보이고 아바타로 팬들과 미팅을 열었다. 한류 열풍의 또 다른 주역인 걸 그룹 블랙핑크도 제페토에서 팬 사인회를 열어 전 세계 팬들 4,600만 명과 함께했다.

메타버스라는 디지털 가상공간에서 아바타라는 디지털 캐릭터로 서로를 마주하지만 이용자들은 아바타가 결코 허상이나 가짜라고 생각하지 않는다. 자신의 눈앞에서 노래를 부르고 춤을 추고 인사를 하고 사인을 하는 스타의 아바타가 진짜라고 신뢰하며 더 환호하고 열광

한다. 실제 현실 공간보다 더 가깝게 그들과 만나며 더 큰 친밀감을 느낀다. 이미 MZ세대에게 메타버스는 가상과 현실을 연결하는 또 하나의 새로운 세상이기 때문에 그 안에서 이루어지는 모든 활동에 진심으로 임한다.

이렇듯 메타버스 안에 존재하는 아바타와 현실의 나는 분리된 존재가 아니라 서로 연결되어 있고 서로에게 영향을 주고받고 소통한다. 메타버스에서 일어나는 모든 활동도 현실과 분리될 수 없다. 이미 메타버스는 우리 인류의 미래 세대가 살아갈 현실 세계의 일부분이 되어가고 있다.

가상현실과 증강현실은
무엇인가?

머지않아 펼쳐질 미래 메타버스는 최첨단 기술의 집약체라고 해도 과언이 아니다. 수십 년에 걸쳐 개발한 가상현실과 증강현실의 기술, 이를 활용한 다양한 기기들, AI, 빅데이터, 오감을 구현하는 장치들까지 21세기 최첨단 기술들이 모두 집약되고 융합되면서 메타버스는 미래를 향해 나아가고 있다.

특히 시작 단계에 불과한 현재에도 AR과 VR 시장은 전 세계적으로 1,050억 달러(약 118조 9,650억 원) 규모로 성장하고 있다. 현실의 여러 분야와 접목할 수 있는 기술이다 보니 기술 개발 속도도 빠르고 적용도 활발하게 일어나고 있다. 특히 코로나 팬데믹으로 외부 활동이 자유롭지 않은 상황이 겹치면서 AR과 VR의 기술로 구현되는 가상공간은 더욱 수요가 높아졌다.

그렇다면 AR과 VR은 어떤 기술이며, 이 둘의 차이는 무엇일까? 앞서도 살펴보았지만, 메타버스는 현실 세계가 얼마나 중첩되어 있는가에 따라서 증강현실(AR)과 가상현실(VR)로 구분된다. VR이 현실과 완전히 동떨어진 가상의 세계라면, AR은 지금 내가 사는 이 세계 위에 중첩된 또 하나의 세계를 뜻한다.

AR과 VR의 과거와 현재

흔히 가상현실로 표현되는 '버추얼 리얼리티(Virtual Reality; VR)'의 본래 의미는 '가상성(Virtuality)이 실제 현실과 같이 구체화된 것'이다. 버추얼 리얼리티라는 표현을 최초로 쓴 사람은 프랑스의 배우, 극작가, 연출가로 활동한 앙토냉 아르토(Antonin Artaud)이다. 아르토는 1938년에 발표한 《연극과 그 이중(Le Théâtre et son double)》에서 극장을 묘사하는 단어로 버추얼 리얼리티라는 표현을 사용했다.

지금 사용하는 '가상현실'과 의미가 가까워진 것은 1970년대에 가상현실 연구가였던 마이런 크루거(Myron Krueger)가 '인공현실(artificial reality)'이라는 단어를 사용하면서부터다. 이후 1980년대 후반에 미국의 컴퓨터 과학자이자 비주얼 아티스트인 재런 러니어(Jaron Lanier)가 버추얼 리얼리티를 지금과 같은 '가상현실'의 개념으로 인식했다.

현재 가상현실이 사용되는 분야는 비디오게임, 방송, 3D 영화, 소셜 가상 세계와 같은 엔터테인먼트 응용 프로그램 등이 일반적이다. 가상현실을 구현하는 데 활용되는 대표적인 장비인 소비자용 가상현실 헤드셋은 1990년대 초중반에 비디오게임 회사에서 처음 출시되었다.

이후 2010년대 초반에 오큘러스(Rift), HTC(Vive), 소니(PlayStation VR)에서 차세대 상업용 헤드셋을 출시하면서 애플리케이션도 개발되었다. 2015년부터는 롤러코스터와 테마파크에 가상현실을 통합했다. 더욱 생생한 효과를 주기 위해 햅틱 피드백과 시각 효과를 일치시킨 것이다.

반면, 증강현실(Augmented reality)은 컴퓨터가 만든 디지털 콘텐츠나 정보를 현실에서 체험하는 오감에 덧대어 느낄 수 있도록 한 기술이다. 즉, 가상현실은 컴퓨터가 모든 것을 구현하는 기술이지만, 증강현실은 현실의 세계에 컴퓨터의 정보를 덧씌우는 기술이다. 현재 내가 서 있는 현실 세계의 물리적 공간에 3D로 구현된 가상의 콘텐츠들이 추가로 채워지면서 공간의 성격 자체를 변화시킨다.

증강현실이 본격적으로 선을 보인 것은 1990년대 초반이다. 1992년에 보잉사에 근무하던 토머스 코델 박사가 기술자들이 항공기의 전선을 더 편리하게 조립하도록 돕기 위해 실제 화면에 가상 이미지가 겹쳐 보이는 증강현실 기술을 개발했다.

요즘은 게임을 비롯해 TV 광고나 영화 등에서도 증강현실을 활용하는 장면이 종종 연출된다. 영화 〈마이너리티 리포트〉나 〈아이언맨〉에서 간단한 손동작만으로 허공에 펼쳐진 컴퓨터 디스플레이를 제어하는 장면도 증강현실을 표현한 것이다. 앞서 말한 〈포켓몬 고〉 게임은 플레이어가 직접 증강현실을 경험하게 한 것이다.

최근에는 기업들도 소비자가 제품을 미리 체험해볼 수 있도록 모바일 앱 등에서 증강현실 기능을 활용하기도 한다. 스웨덴의 가구 제조 업체인 이케아(IKEA)는 2014년부터 기존에 있던 이케아 카탈로그 앱에 증강현실 기능을 탑재했다. 실제 가구의 모습과 매우 유사한, 3D로 제작된 가구를 실제 사용할 공간에 직접 배치해 전체적으로 어울리는지 살펴보도록 한 것이다. 대강의 느낌으로만 가구를 구매하던 때와는 비교도 안 될 정도로 혁신적인 서비스다. 게다가 3D로 제작된 가구도 실물과 비교할 때 크기는 물론이고 색깔과 질감까지 98퍼센트나 일치한다고 한다.

이외에도 아마존이 2021년에 새롭게 론칭한 헤어샵 '아마존 살롱'에서는 증강현실 기술을 활용해 고객이 실제 파마나 염색, 커트 등 서비스를 받기 전에 미리 결과를 살펴보고 선택할 수 있게 했다. 국내 기업인 아모레퍼시픽도 백화점 매장에 무인 메이크업 체험 공간을 만들고, 증강현실 화면에서 다양한 색조 제품을 자유롭게 테스트하고 메이크업 후 가상의 모습도 미리 체험해볼 수 있도록 했다.

이렇듯 우리는 일상에서 가상현실, 증강현실과 같은 다양한 메타버스 기술들을 접하고 체험하면서 미래 메타버스가 구현할 디지털 가상 세계와 더욱 친근해질 준비를 하고 있다.

웹 3.0과
메타버스

1990년대에 최초로 인터넷이 대중에게 공개된 이후, 30여 년의 세월을 지나며 기술의 발전과 더불어 인터넷의 영향력은 상상할 수 없는 수준으로 막강해졌다. 이 과정에서 인터넷의 생태계도 매우 빠르게 진화하고 있다. 인터넷의 진화 단계를 큰 특징을 중심으로 분류한 것이 웹 1.0, 웹 2.0, 웹 3.0이다.

일반적으로 웹 1.0과 웹 2.0 시대까지는 모든 개인이 생산해낸 데이터나 디지털 콘텐츠를 일부 기업이 소유권을 독점하고, 이를 통해 창출되는 수익도 기업이 가져갔다. 구글, 아마존, 메타 등의 빅테크 기업이나 거대 플랫폼 기업이 독점하는 중앙 집중형 인터넷 생태계가 웹 2.0의 일반적인 현상이다.

웹 2.0의 이러한 단점을 보완하기 위해 탄생한 것이 웹 3.0이다. 웹 3.0은 소수의 기업이 독점하는 중앙 집중형 구조를 탈피하고 콘텐츠나

웹 3.0으로의 진화

데이터 등을 만들어낸 개인들에게 권한과 이득이 돌아갈 수 있도록 하는 탈중앙형 구조다.

　메타버스는 디지털 기술을 활용한 3차원 가상현실의 공간이지만 여기에 웹 3.0의 혁신적인 기술까지 더해지면서 이제는 가상과 현실이 융합된 디지털 생태계의 형태로 진화하고 있다.

인터넷의 진화와 메타버스의 가능성

인터넷의 가장 기본 모델인 웹 1.0은 인터넷이 등장하기 이전의 세상과 비교해 획기적인 변화를 가져온 것이 사실이다. 그러나 초창기인 만큼 기술 개발과 활용의 한계도 분명했다. 웹 1.0은 모든 자료가 체계적으로 분류되어 있기는 하지만 그 어떤 상호작용도 할 수 없는, 단순한 '읽기'만 가능했다. 즉, 소수의 기업이나 특정 개인이 제공하는 디지털 콘텐츠를 이용자들이 읽을 수만 있다. 1990년대 초반부터 2000년대 초반까지 대부분의 웹사이트, 웹진, 블로그 등이 웹 1.0에 해당한다.

사용자가 신문이나 책, 방송처럼 일방적으로 읽기만 가능했던 웹 1.0의 기능과는 달리 웹 2.0은 '쓰기'의 기능도 추가되었다. 웹 2.0에서 사용자는 자신만의 콘텐츠로 글을 생산하고 공유하는 것은 물론이고 댓글이나 게시글 등으로 웹 활동에 적극적으로 참여할 수 있다. 음악이나 사진, 동영상 등의 콘텐츠도 올리고 함께 공유할 수 있다. 즉, 양방향 소통이 가능해진 것이다. 웹 1.0과 비교하면 엄청난 발전이다.

현재 우리가 활발하게 사용하는 유튜브, 네이버, 인스타그램, 페이스북 등의 소셜 미디어가 웹 2.0에 해당한다. 웹 2.0은 태블릿 PC나 스마트폰 등과 같은 모바일 기기의 보급으로 더욱 많은 사람이 플랫폼 서비스를 이용하면서 전성기를 누리게 된다. 그 결과 플랫폼의 역할과 기능이 더욱 커지고, 자연스럽게 소수의 사업자가 주도하는 중앙 통제 방식의 웹 생태계가 형성되었다.

웹 2.0 환경에 익숙해진 우리는 별다른 불편함 없이 인터넷을 활용하지만 사실 이 또한 한계점은 있다. 웹 2.0에서는 사용자 간의 연결이 중개자인 플랫폼을 통해서만 이루어지기 때문에 자연스럽게 플랫폼이 사용자를 통제하고 데이터를 독점하는 구조다. 이렇게 확보된 데이터로 광고 수익을 올리는 등 기업은 자신들만의 이익을 추구해왔다.

중앙 통제 방식의 웹 2.0이 가지는 문제들이 커지면서 대안으로 웹 3.0이 시작되었다. 웹 3.0은 이전과 비교해 기능적 부분의 차이가 분명하다. 웹 3.0의 가장 큰 특징은 탈중앙화다. 웹 3.0은 개인 맞춤형 정보를 제공하고, 블록체인 시스템을 통한 탈중앙적인 데이터 암호화와 NFT를 기반한 '개인의 데이터 고유권의 소유'가 가능해진 형태의 웹이다. 이를 통해 플랫폼에서 모든 활동의 주체는 내가 되며, 그 결과물도 나의 것이 된다. 사용자가 플랫폼 내에서 내 취향에 맞게 주체적으로 활동할 뿐만 아니라 그 결과로 생성된 데이터를 어떻게 사용할지도 오롯이 사용자 개인의 판단에 따른다. 데이터를 활용한 수익도 사용자의 것이 된다.

이처럼 다양하고 재능 있는 개인들이 이끌어갈 새로운 개념의 분산형 경제 생태계에서는 일부 거대 플랫폼 기업들이 독점하던 과거 웹 2.0 기반의 서비스와 콘텐츠를 뛰어넘어, 작지만 강한 콘텐츠와 서비스가 다채롭게 탄생할 수 있다.

그뿐만이 아니다. 웹 3.0의 인터넷 환경에서는 생산자와 소비자의 경계도 무너진다. 플랫폼 참여자의 대부분이 나의 창작물을 팔기도 하고 타인의 창작물을 사기도 한다. 서비스와 콘텐츠의 소비자이면서 동시에 생산자가 되는 것이다. 우리는 자율적이고 적극적인 참여를 통해 창의적인 콘텐츠와 서비스를 더 많이 생산하고, 이로써 부의 분배가 더욱 균형 있게 이루어지는 선순환 구조까지 기대할 수 있다.

현재의 메타버스도 웹 3.0에 해당한다고 할 수 있다. 개인의 자율성과 주체성이 존중되고, NFT를 통한 저작권 인증도 가능해 경제활동도 할 수 있다. 물론 아직은 웹 3.0과 메타버스가 모두 초기 단계이므로 목표로 하는 이상적인 환경이 구현되려면 더 많은 기술적 보완이 필요하다. 웹 3.0의 인터넷 환경이 완벽하게 구현되는 가까운 미래에는 메타버스도 혁신적으로 진화할 것이다. 진정한 양방향 소통과 참여, 사용자의 의지대로 활용하고 선택하는 사용자 중심의 공간, 안전하고 자유로운 경제활동의 기능까지 더해져 미래 메타버스는 현실 세계의 삶을 디지털 가상공간에서 더욱 다양하고 완벽하게 구현할 것이다.

NFT와 웹 3.0 그리고 메타버스가 함께 여는 평등의 유토피아

NFT와 웹 3.0의 기술들은 향후 메타버스와 연계되면서 메타버스 경제 시스템의 기반이 될 것이다. 메타버스 내에서 참여자들은 아바타를 이용해 다양한 활동을 하고 경제적 활동도 활발하게 할 것이다. 덕분에 우리는 메타버스 시대로 더욱 빠르게 진입할 것이다. 이 모든 것은 웹 3.0의 환경, 즉 '개인의 소유'라는 혁신적인 새로운 기능이 추가되고 블록체인과 NFT 기술이 기반이 되어 탈중앙화가 이루어졌기에 가능하다. 이러한 기술 진화를 기반으로 대부분의 디지털 공간 내 활동이 지능화된 개인 맞춤형 웹의 형식으로 바뀔 것이며, 이는 미래의 메타버스에도 그대로 적용될 것이다.

메타버스는 경제생활과 사회 활동이 가능한 공간이자 NFT 기술과 웹 3.0이 결합되어 탄생한 새로운 삶의 패러다임이다. 이러한 기술을 기반으로 게임과 엔터테인먼트 업종을 필두로 공공, 교육, 의료, 유

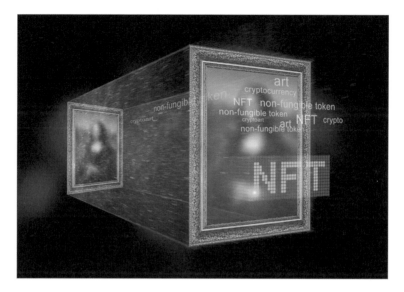

NFT(대체 불가능 토큰)

통 등 거의 모든 분야에 메타버스가 응용될 것이다. 개인은 메타버스 내에서 NFT 기술을 활용한 자유롭고 안전한 거래를 통해 중앙 집중형의 경제 생태계를 벗어나 주체적으로 경제활동을 하며 수익도 창출할 수 있다.

이러한 현상은 놀랍게도 토머스 모어 이후 인류가 끊임없이 추구해온 평등한 유토피아의 구현과 매우 유사하다. 인류는 일부 권력자들의 중앙 집중적 통제 방식에 항상 반감을 가졌고, 여기서 탈피할 무언가를 갈구했다. 현재의 블록체인 기술을 이용한 탈중앙적 방식 또한 인류의 오랜 염원을 반영한 결과로 볼 수 있다. 현대 블록체인 기술의 발달로 인류는 역사적으로 꾸준히 시도해온 유토피아적 이상 사회를 기술적으로 가장 가깝게 구현할 수가 있게 되었다.

기독교가 종교와 사상을 기반으로 철학적이고 관념적으로 평등의 개념을 제공했다면, 토머스 모어와 그의 사상적 후예인 공상적 사회주의자, 공산주의자는 여기에 경제 시스템과 사회 시스템을 추가해 이상 사회를 구현하려고 노력했다. 하지만 인간들이 가지고 있는 이성과 도덕성의 한계로 이러한 시도들은 번번이 좌절되고 말았다.

역사 이래 모든 인류가 꿈꾸고 열망했던 평등하고 자유로운 이상 사회는 이제 메타버스라는 새로운 도구로 한 번 더 실험될 것이다. 과거 기독교나 토머스 모어의 후예들이 시도한 이상 사회와는 달리 현실에서 성공적으로 구현될 가능성이 매우 크다. 디지털 기술의 혁신적 발전과 더불어 기술적으로 완벽하게 탈중앙적 인프라를 만들 수 있기 때문이다.

블록체인과 결합한
미래형 메타버스

2010년 이후 아이폰의 등장과 함께 시작된 모바일 혁명으로 PC 환경에서만 구동되던 게임 플랫폼들의 인기가 시들해졌다. 이는 혁신적인 현대 메타버스 세상을 열어준 세컨드라이프가 사람들의 관심에서 멀어진 이유 중 하나이기도 하다.

모바일과 PC의 모든 환경에서 접속이 가능한 현대 메타버스 플랫폼들이 등장하고 본격적인 웹 3.0의 시대가 열리면서, 메타버스는 새로운 형태의 디지털 가상 세계를 경험하는 서비스로 진화하고 있다.

웹 3.0은 블록체인과 분산 기술을 기반으로 고도로 지능화된 개인 맞춤형 웹의 형식을 제공한다. 웹 2.0 환경에서 플랫폼 기업은 사용자의 데이터를 기업의 중앙 서버에 저장했다. 하지만 웹 3.0에서는 블록체인 기술을 활용해 사용자의 데이터를 분산해 저장하며, 데이터를 기록한 장부를 네트워크에 참여한 다수의 사람과 공유한다.

블록체인 기술

　기본적으로 블록체인은 네트워크 참여자인 다수의 사람이 특정 거래를 승인하기 때문에 중앙 서버나 관리자가 필요 없다. 거래가 성사되려면 참여자의 절반 이상이 승인하고 동의해야 한다. 따라서 블록체인은 해킹이 사실상 불가능한 매우 안전한 시스템이다.

　메타버스에서도 블록체인 기술은 매우 의미가 크다. 단순한 게임 활동을 넘어 일상생활의 상당 부분이 메타버스에서 구현되므로 참여자들은 메타버스 활동의 결과로 생성된 수많은 정보를 플랫폼 제공자인 기업이 수집하거나 허락 없이 활용하는 것을 더 이상 허용하지 않는다. 정보의 안전과도 직결되며 경제적 이익과도 관련되기에 당당하게 주인의 권리를 보장받으려는 것이다. 더불어 사용자들은 디지털 공간에서도 콘텐츠의 제작과 판매 등 거래 행위의 안전성이 보장되길 기대한다.

기술의 진화가 미래 메타버스를 앞당긴다

디지털 공간에서 활동이 활발해질수록 위에서 말한 사용자들의 니즈는 더 거세질 것이다. 이에 메타버스 플랫폼들도 탈중앙화된 정보의 관리와 거래의 안전성을 보장하기 위해 최선의 노력을 기울이고 있다. 메타버스에 블록체인 기술을 결합해 정보와 거래의 안전을 보장하고, NFT로 개인 창작물의 권리도 인증하고 보호하려고 노력한다.

새로운 메타버스 서비스를 이끄는 '디센트럴랜드(Decentraland)'라는 플랫폼도 블록체인을 기반으로 가상현실 서비스를 제공하는 대표적인 기업이다. 디센트럴랜드의 CEO인 아리 메이리치(Ari Meilich)는 "디센트럴랜드야말로 국가와 기업으로부터 자유로운 진정한 의미의 탈중앙화된 가상현실 공간"이라고 강조하기도 했다.

싱가포르의 여섯 배 정도 크기인 디지털 가상공간 디센트럴랜드에서는 이용자들이 플랫폼의 가상 화폐인 '마나(MANA)'로 부동산을 거래할 수 있다. 현실 세계처럼 땅을 사고 건물을 지어 사업을 하거나 임대해 수익을 창출할 수 있고, 자유롭게 부동산을 사고파는 거래도 할 수 있다. 특히 토지 소유권이 블록체인 기술로 기록되기 때문에 위조나 변조의 위험이 없어 이용자들은 안심하고 거래할 수 있다.

부동산의 구매자는 NFT로 인증된 콘텐츠를 전시하고 팔아서 수익을 올릴 수도 있다. 또 자신이 구매한 공간에서 게임과 앱을 만들어 다른 사용자들에게 공개하고 경험하게 할 수도 있다. 어린이를 위한 놀이동산이나 보물찾기 공간, 역사나 특정 인물을 알리기 위한 박물관 등 건전성을 해치지 않는 다양한 가상공간을 창조하고 입장료를 받아 수익을 올릴 수도 있다. 이때 여러 콘텐츠로 발생한 수익은 별도의 수수료 없이 모두 제작자의 몫이다.

블록체인 기술을 기반으로 사용자의 자율성과 안전성을 보장한 디센트럴랜드에서 삼성전자가 가상 매장을 개설한 것을 비롯해 코카콜라, 미국 최대 규모의 은행인 JP모건, 세계적인 경매 기업인 소더비(Sotheby) 등도 적극적으로 활동하고 있다. 코카콜라는 디센트럴랜드에서만 착용할 수 있는 NFT 재킷인 코카콜라 버블 재킷을 만들어 판매하고, 소더비는 경매장을 플랫폼 내에 마련하기도 했다.

글로벌 패션 기업들도 디센트럴랜드에 큰 관심을 두며 활발하게 참여하고 있다. 2022년에 디센트럴랜드에서 개최한 '제1회 메타버스 패션위크'에 70개가 넘는 글로벌 패션 브랜드와 스타트업이 참여했다. 이들은 플랫폼에서 준비한 가상 무대에서 패션쇼를 개최한 것은 물론이고 매장을 열어 옷과 소품 등의 아바타를 위한 아이템도 판매했다.

아바타를 통한 다양한 커뮤니티 활동, 부동산 거래, 경제활동 등이 기존의 세컨드라이프와 유사한데 왜 이렇게 다른 행보를 보이는 것일까? 플랫폼이 제공하는 서비스는 비슷하나 이를 뒷받침할 기술이 확연히 다르기 때문이다. 앞서 말했듯이, 디센트럴랜드는 블록체인 시스템을 채택해 중앙 서버와 관리자를 없애고, 이더리움 기반의 암호 화폐로 거래가 이루어지는 데 안전성이 보장되어 있다.

세컨드라이프로 시작된 디지털 가상 세계는 이제 블록체인 기술과 가상 화폐 기술, 과거와 비교해 더욱 진보된 VR 기술과 AR 기술과의 융합, NFT를 기초로 개인의 저작권과 소유권 보장 등 예전보다 훨씬 진화된 형태로 미래 메타버스를 열어가고 있다.

이러한 변화와 발전은 우리가 궁극적으로 바라는 미래 메타버스 세상이 결코 상상에만 그치지 않음을 시사한다. 우리는 웹 3.0 시대에 또 다른 중요한 세계로서 디지털 가상 세계를 맞이하고, 새로운 개념의 경제 생태계를 메타버스의 가상현실 세계에서 만들어나갈 것이다.

챗GPT와
메타버스의 결합

인공지능 챗GPT가 탑재된 아바타의 등장

인공지능 챗GPT는 메타버스에서 매우 활발하게 활용될 것이다. 이러한 AI 기반 메타버스에서는 사용자가 특정 정보를 찾기 위해 메타버스를 탐색하거나 소셜 활동에 참여할 때 유용한 도움을 줄 수 있다. 메타버스의 가상 환경에서 이제는 아바타의 캐릭터가 단순히 사용자를 대신하는 역할을 넘어 자체의 독립적인 개체로 활동하게 된다. 기존의 검색을 위한 챗봇 이상의 역할을 하면서 매우 생생하게 사용자의 조력자로서 존재하게 될 것이다.

또한 그 역할이 챗GPT가 수행하는 단순한 기능, 즉 정보 검색, 글쓰기, 논문 작성, 코딩 짜기 이상으로 인간이 필요한 개인적 영역의 작업까지 마치 개인 비서 같은 일을 수행할 것으로 기대하고 있다. 물론 이러한 기능이 메타버스와 현실의 로봇에도 탑재되어 그 역할이 가상 세

계와 현실 세계에서 통합적으로 이루어질 것으로 예상된다. 즉 챗GPT
가 우리 주위의 거의 모든 기기, 로봇, 자동차, 스마트 가전, 스마트 글
라스 등에 탑재될 것으로 보인다.

특히 메타버스에서 GPT를 적용하기 위해 더욱 생생하고 설득력 있
는 디지털 아바타의 개발이 필수적이다. 텍스트 기반의 소통에서 음성
기반의 소통으로 업그레이드되며, 챗GPT는 사람들과 설득력 있고 사
실적인 대화를 나눌 수 있다. 이를 활용해 메타버스에서 현실과 같은
디지털 도우미, 디지털 친구, 디지털 교육자 및 트레이너 등을 구축할
수 있다. 메타버스에서 GPT형 인공지능의 결합은 보다 상호 보완적이
고 고유한 경험을 가능하게 한다.

GPT와 결합된 메타버스의 장점

GPT는 메타버스에서 유용하게 사용될 뿐 아니라 메타버스 전체에 대
한 지원을 증가시킨다. 이로 인해 더 많은 사용자가 메타버스와 챗GPT
가 결합된 환경에서 활동하게 될 것이다. 챗GPT를 사용해 영어뿐 아니
라 여러 다른 언어로 된 자료와 텍스트를 만드는 기능은 전 세계적으로
메타버스의 잠재 고객을 더욱 크게 확장할 것이다.

또한 개인마다 독특하고 깊이 있는 경험의 영역까지 확장이 가능하
다. 상호작용적이고 개인의 영역까지 확장되는 것은 메타버스에서 챗
GPT를 사용할 수 있는 또 다른 가능성이다.

GPT를 이용하면 메타버스에서 다양한 상호작용과 개인화된 경험

을 제공할 수 있다. 메타버스에서 챗GPT는 가상 세계에서 사용자와 대화하고 상호작용할 수 있는 가상 캐릭터로 활용될 수 있다. 사용자는 캐릭터와 대화를 나눌 수 있으며, 캐릭터는 실시간으로 응답을 생성해 사용자와 상호작용한다. 이를 통해 개인의 영역에 맞는 맞춤형 경험을 제공할 수 있다.

메타버스에서 챗GPT는 사용자와 상호작용을 통해 가상 세계에서 다양한 경험을 제공할 수 있다. 예를 들어, 가상 여행 안내, 가상 교육, 상담 서비스 등 다양한 분야에서 활용할 수 있다. 사용자는 캐릭터와 대화하며 정보를 얻거나 문제를 해결하는 과정에서 실제와 유사한 경험을 할 수 있다. 메타버스에서 챗GPT는 사용자의 선호와 관심사를 학습해 개인화된 서비스를 제공할 수 있다. 사용자의 이전 대화 기록이나 행동 패턴을 분석해 사용자의 요구에 맞는 맞춤형 서비스를 제공하거나 추천할 수 있다. 이를 통해 사용자의 경험은 더욱 풍부해지고 만족도가 향상된다.

특정한 VR 기기나 특정 활동에 관련된 데이터에 GPT 알고리즘을 개발해 개인의 기호와 선택에 맞는 자료를 생성하는 시스템을 개발하는 것도 가능하다. 그 결과 메타버스에서 더 맞춤화되고 개별적인 환경이 구축될 것이다.

가상 캐릭터와 환경에서 현실감과 사실감이 업그레이드되면 GPT로 구축된 메타버스에서 좀 더 몰입감 있는 경험을 제공할 수 있다. 이는 메타버스를 더 매력적으로 만들어 사용자의 수를 늘릴 수 있는 잠재력을 갖고 있다.

GPT로 구축된 메타버스에서는 가상 캐릭터와 환경이 현실감과 사실감을 더욱 강화시킨다. 사용자들에게 몰입감 있는 경험을 제공할 수 있는 잠재력을 가지며, 메타버스의 매력을 높여 사용자 수를 늘릴 수 있다. GPT를 활용한 메타버스는 현실과 유사한 환경과 상호작용을 제공할 수 있다. 가상 캐릭터들은 더욱 사실적이고 자연스러운 대화를 이어나갈 수 있으며, 가상 환경은 더욱 생동감 있고 다양한 상세 요소로 가득 찰 것이다. 이러한 현실감과 사실감은 사용자들에게 더욱 몰입할 수 있는 경험을 선사한다.

다시 말해, 챗GPT를 사용함으로써 메타버스는 더욱 현실과 같은 가상의 캐릭터와 환경을 제공할 수 있다. 과거에 비해 더욱 진화된 방식으로 상호 보완적이며 현실에 가까운 경험을 할 것이다. 가상의 캐릭터인 아바타의 독립적인 활동은 현재의 메타버스 개념을 한 단계 업그레이드시키기 때문이다. 이처럼 영리한 인공지능은 메타버스 내에서 우리에게 더욱 진화된 개인 맞춤형 서비스를 제공할 것이다. 아마도 자기 자신보다 더욱 많은 개인화된 데이터베이스를 바탕으로 끊임없이 우리에게 접촉할 것이다. 즉, 영화와 같은 이야기가 현실화될 수도 있다는 말이다.

모든 것은 빅데이터 네트워크 모델과 자연어 처리 소프트웨어의 발전으로 말미암아 인간의 언어를 파악하는 발전된 챗봇이 가능해졌다는 말이다. 학습 알고리즘을 기반으로 광범위한 인간 언어를 이해하고 사용자의 다양한 질문에 적절하고 매우 고급화된 전문적 응답을 제공할 수 있기 때문이다.

GPT를 통한 메타버스의 진화 가능성

GPT가 완벽하게 장착된 메타버스에서는 세상의 모든 것을 인식하고 탐색하는 방식에 극적인 변화가 일어난다. 마치 과거의 구글 검색 방식과 챗GPT를 이용한 검색 방식의 차이가 메타버스에서도 구현된다는 것이다. GPT를 사용해 사람의 말을 이해하고 반응할 수 있는 스마트 가상의 건축가를 만들어 아마도 독립적으로 자체적인 가상공간의 설계로 생생하고 흥미로운 가상 세계를 메타버스 내에 구축할 수 있다. 그러면 더 많은 사람이 메타버스에 참여할 것이며, 더욱 활발한 트래픽이 발생할 것이다. 메타버스의 인기로 결국 수많은 글로벌 기업들이 메타버스를 마케팅 및 영업 도구로 적극 활용할 것이다.

메타버스에 GPT를 장착하면 교육, 의료, 가상 세계 여행과 같은 새로운 용도를 창출할 수 있다. 미래에는 챗GPT와 메타버스가 더욱 긴밀히 결합해 진화하기 때문에 현재 메타버스의 개념보다 더 진화하고 흥미로운 새로운 메타버스 세상이 펼쳐질 것으로 기대된다.

착한 인공지능 챗GPT

물론 모든 것이 완벽하지는 않다. 그럼에도 비용이 낮고 무제한에 가까운 챗봇 AI들이 모바일로 널리 보급되면서 말하는 인공지능은 메타버스의 신뢰도를 떨어뜨릴 것이다.

지금부터가 시작이다. 앞으로 챗GPT를 필두로 인공지능은 지금보

Open AI가 만들어낸 대화형 인공지능 서비스 챗GPT

다 더욱 똑똑해질 것이다. 천재적 엔지니어와 많은 회사 및 기관이 개발에 뛰어들기 때문이다. 지금의 기능보다 훨씬 진화된 인공지능의 기술들이 데뷔를 앞두고 있다. 또한 각 서비스의 경쟁으로 비용은 더 낮아진다. 이러한 환경에서 어느 순간에는 믿을 수 있는 챗봇 인공지능을 찾게 된다. 비도덕적인 일을 하고 이득을 취하려는 그룹은 어느 때나 항상 존재했기 때문이다.

이보다 더욱 두려운 점은 인공지능이 자아 생성적 기능이 있다는 사실이다. 지금은 인간에게 종속되어 작동되지만 인공지능의 특성상 언젠가는 독립적으로 존재하며 운용될지도 모른다. 앞으로는 인공지능이 얼마나 똑똑하냐보다 얼마나 믿을 수 있느냐라는 도덕성 문제가 더욱 중요해질 것이다. 아니, 아마 '가장' 중요한 이슈가 되리라고 본다. 이제 전 세계적으로 인공지능을 규제하려는 움직임을 보이는 것도 이와 연관이 있다.

인공지능 챗봇은 현재 전체 웹사이트 트래픽의 64%를 차지한다. 대부분의 챗봇이 AI 기반 캐릭터와는 다르지만 AI 기반 캐릭터가 메타버스를 지배하리라는 예측은 의심의 여지가 없다.

메타버스 세계에서 아바타를 사용하는 문제는 시스템의 사용이나 소비자 측면에서 어느 정도 제한과 절제가 필요하다. 현재는 장점이 단점보다 많지만 향후 이것이 완전히 변경될 수 있다. 디스토피아적 미래에서는 인간과 비인간을 구별하는 것이 불가능하기 때문이다. 결국 인간과 비인간의 차이는 가까운 미래에 사라질 것으로 예상된다. 그래서 메타버스 내에서 도덕적인 인공지능이 탑재된 아바타는 필수적이다.

마지막으로 사회적 합의의 필요성을 강조하고 싶다. 지금은 새로운 기술에 관한 어떠한 제약도 없다. 점점 더 많은 사람이 챗GPT를 사용할 것이며 그 인기가 높아짐에 따라 놀라운 활용 방안이 만들어질 것이다. 컴퓨터 엔지니어들은 더욱 창의적인 제안을 내놓기 위해 서로 경쟁할 것이다. 그러나 인공지능의 완벽한 진화는 우리 모두가 합의해 결정해야 할 문제다. 사회적 합의를 통해 챗GPT와 같은 인공지능의 사용과 발전에 대한 가치, 윤리, 규제, 프라이버시 등을 이야기해야 한다. 이러한 토론과 합의를 통해 인공지능이 세상에 긍정적인 영향을 미치고 흥미롭고 창의적인 방향으로 발전할 수 있도록 해야 한다. 이를 위해 정부, 기업, 학계, 전문가, 일반 대중이 함께 참여해야 한다. 그래야 우리는 기술의 발전과 활용이 사회적 가치와 윤리적 원칙을 존중하며, 모든 이에게 공정한 혜택을 제공할 수 있는 방향으로 나아갈 수 있다.

Chapter 4

미래

Future

메타버스에게
미래를 묻다

'상상 그 이상의 세계'

메타버스를 설명하는 최고의 표현이 아닐까 싶다. 메타버스는 우리의
상상을 뛰어넘는 놀라운 세상이다. 메타버스가 열어갈 미래 세상은 무
한한 가능성을 시사하므로 그 안에서 기회를 찾아야 한다. 더불어 무한
한 가능성의 이면에 존재하는 혼돈도 예측하고 준비해야 한다.

인류는 태초부터 가상성(virtuality)과 가상 세계(virtual world), 가상
공간(virtual space)을 창조해왔다. 최근에는 첨단 IT 기술의 혁신적 발
전으로, 과거와는 전혀 다른 차원의 가상성과 가상 세계를 창조해나가
고 있다. 인류는 메타버스라는 이름의 디지털 가상 세계를 통해 지금
껏 경험해보지 못한, 현실 세계와 거의 똑같은 새로운 가상 세계를 구
현해내고 있다.

미래에 펼쳐질 메타버스는 우리가 경험한 가상적 세계와는 전혀 다

른, 혁신적 방식으로 우리에게 다가올 것이다. 현재는 가상적 세계가 현실 세계의 일부나 하나의 도구로 활용되고 있지만 앞으로는 모든 것을 갖춘, 현실보다 더 뛰어난 가상의 환경이 제공될 것이기 때문이다.

과거를 통해 미래를 보다

현재 메타버스는 여러 영역에서 미래 산업의 중요한 시장으로 자리 잡고 있다. 다양한 혁신적 기술과 아이디어가 끊임없이 생산되면서 미래에 중요한 변화의 축으로 자리를 잡을 것이다. 이러한 혁신적 변화와 함께 그동안 우리가 영위해온 삶의 방식도 매우 다르게 변화할 것이다. 가상과 현실이 융합된 새로운 형태의 라이프 스타일이 탄생하고, 새로운 종류의 디지털 커뮤니티가 계속 생겨날 것이다. 나아가 우리의 정치 활동이나 사회 활동에도 큰 변화가 나타날 것으로 예상된다.

경제 분야에서도 현실의 경제체제와 가상의 경제체제가 강하게 연동되고 확장되어 파생적이고 혁신적인 경제 생태계가 탄생할 것이다. 디지털 경제의 공간이 확대되고, 우리가 역사적으로 다루어온 경제 상품 외에 디지털 상품과 자산이 활발하게 등장하고 거래될 수 있다.

부의 가치 산출 방식도 바뀔 것이다. 암호 화폐와 디지털 상품이 경제적 자산으로서 더 큰 가치를 발휘할 수 있다. 이미 아트 시장에서는 NFT 기술을 이용한 디지털 아트의 가치가 상상할 수 없을 정도로 높아졌다. 암호 화폐도 탄생 초기와 비교해보면 현재는 엄청난 가치로 불어나고 자산 시장에서 하나의 상품으로 자리를 잡아가고 있다. 아마도 디지털 상품과 자산은 앞으로도 매우 다양한 방식으로 등장하고 그 가치도 엄청나게 확장되고, 부의 지형을 크게 바꿀 것으로 보인다.

코로나와 같은 새로운 팬데믹의 등장은 디지털 세상의 확장을 더욱 가속화할 것이다. 앞으로 수없이 많은 메타버스가 생산되고 사라질 것이며, 전 세계의 경제, 사회, 정치 등 모든 분야에서 기존 패러다임이 새로운 변화에 따라 요동칠 것이다.

이처럼 상상 그 이상의 세계인 메타버스는 상상할 수 없을 정도의 엄청난 변화를 가져온다. 변화를 예측하려면 우리는 과거에서 힌트를 얻어야 한다. 지난 역사 속에서 가상 세계가 어떻게 다양한 형태로 탄생해왔는지를 살펴 메타버스의 변화와 발전을 예측하는 것이다. 지금껏 가상 세계는 당대 최고의 물리적 자원과 정신적 자원 그리고 최고의 기술을 통해 여러 형태로 창조되었다. 이를 체계적으로 연구하고 데이터를 모으면 향후 탄생하게 될 메타버스의 방향을 예측할 수 있다.

변화를 예측하고 대비하면서 메타버스가 초래할 수 있는 문제점도 함께 생각해야 한다. 메타버스가 구현하는 상상 그 이상의 세계에서 우리는 지금까지 믿어왔던 인문·경제·철학적 가치에 대해 새로운 개념을 정립해야 한다. 기술 발달과 그에 따른 다양한 변화는 미래에 엄청난 가능성을 시사하며, 변화에 따른 혼란과 충격도 예고하기 때문이다.

복수의 아바타가 나를 대신하다

메타버스의 세상에서 가장 큰 특징 중 하나는 수많은 아바타가 개인을 대리해 다양한 활동을 한다는 점이다. 단순히 놀이나 취미 활동, 소통의 수준이 아니라, 현실에서 하던 대부분의 일을 가상 세계 속의 아바타가 대신한다는 의미다. 다시 말해, 미래 메타버스의 세계에서는 아바타가 회사에 가서 업무를 보고, 클라이언트와 만나 계약을 협상하고, 마케팅 활동과 금융 투자도 하고, 동창회에 나가고, 여자 친구와 데이트를 한다.

이런 변화된 세상에서는 "몸이 열 개라도 모자랄 지경이다"라며 한탄하지 않아도 된다. 현실 세계에서는 할 일은 많은데 몸은 하나이기 때문에 시간과 체력을 효율적으로 안배해야 한다. 그러나 메타버스에서는 수많은 아바타가 나를 대신해 학교도 가고 회사도 가고 친구도 만나준다. 현실 세계에서 나는 단 하나의 유일한 존재이지만 메타버스 환경에서는 나의 다양한 활동을 대신하는 복수의 아바타가 존재한다.

메타버스 안에서는 복수의 아바타만큼이나 소통 채널도 다양하고 광범위하다. 따라서 지금까지와는 다른 다양하고 새로운 형태의 공동체 의식이 생겨날 것이다. 일반적으로 공동체를 이루는 주된 요소는 같은 문화와 역사를 공유하면서 기억과 교육을 통해 형성되는 공동의 가치와 소통의 정체성이다. 과거의 커뮤니티들은 거리라는 물리적 한계를 극복할 수 없었다. 오랫동안 인류는 지리적으로 가까운 거리에서 이웃끼리 경쟁하고 협력하면서 공동체적 생활을 했고, 그 안에서 그들만의 독특한 의식을 만들어왔다. 디지털 기술이 발달하면서 활발한 온라인 소통을 통해 물리적 거리 개념을 극복함으로써 더욱 다양한 형태의 커뮤니티가 생겨났다. 하지만 이 또한 소통 방식이 제한적이었다. 현재 사람들이 활발하게 사용하는 소통 수단인 SNS는 텍스트와 이미지, 동영상 등 2차원의 평면적 디지털 소통만 가능하다.

가상 세계에서는 이러한 기존 공식이 무너진다. 메타버스 시대에는 지리적 제약을 극복하는 것은 물론이고 평면적 디지털 소통도 3차원 기법으로 변화한다. 완벽한 3차원 기법으로 현실 세계와 같은 가상 세계, 혹은 현실과는 완전히 다른 새로운 가상 세계를 창조해 지리적 제약 없이, 시간과 공간을 초월하는 완전히 새로운 방식의 소통이 열릴 것이다. 이를 통해 사람들은 지금까지 볼 수 없었던 새로운 문화와 성향을 공유할 것이며, 현실 세계보다 더욱 강력한 공감대를 형성하는 디지털 공동체가 생겨날 것이다. 정치사상적 이슈, 인종적 이슈, 문화적 이슈 등 현실 세계에 존재하는 수많은 장벽도 뛰어넘을 것이다. 심지어 막강한 영향력을 행사하는, 지금과는 아주 다른 개념의 새로운 가상의 국가나 공동체도 탄생할 수 있다.

아바타의 양면성

개인을 대리하는 복수의 아바타들 덕분에 인류는 메타버스에서 새로운 즐거움과 기회를 경험하게 된다. 새롭고 다양한 형태의 커뮤니티를 형성하고 단단한 결속력도 다진다. 그런데 아바타는 긍정적인 역할만 하는 존재는 아니다. 세상에 단 하나뿐인 '나'가 10개, 20개로 복수가 되면서 발생할 충격과 혼란도 간과할 수 없다.

메타버스의 세계에서 개인은 자신을 대리하는 여러 아바타를 통해 과거와는 다른 다중적 생활을 하게 된다. 이로 인해 발생하는 정신적 충격과 혼돈을 과연 우리가 쉽게 극복할 수 있을지 고민해봐야 한다. 해답을 찾는 과정에서 우리는 인간의 바탕이라 할 수 있는 인본주의적 문제도 다중적 디지털 가상 세계의 환경에 맞춰 새롭게 재고하고 재정립해야 할지도 모른다.

가장 큰 문제로 인간 자아와 정체성의 혼란을 들 수 있다. 메타버스 속에서 나를 대신할 복수의 아바타는 단지 외모만 제각각인 것이 아니다. 아바타의 능력이나 특성, 성격까지도 각각 다르다. 메타버스 안에서 각기 다른 특성을 가진 수많은 나와 만나면서 결국 우리는 "나는 누구인가?"라는 근원적인 질문을 던지게 된다.

게다가 이러한 자아 정체성의 혼란은 커뮤니티의 혼란으로 이어질 수 있다. 이에 따라 지금까지 인류의 보편적 커뮤니티였던 국가와 민족은 물론이고, 그 안에서 사회적 위치, 정치 성향 등의 성격과 개념을 새롭게 정의해야 할 수도 있다.

현실 세계와 가상 세계의 괴리도 문제가 된다. 사람들이 현실 세계보다 메타버스의 세상에서 더 많은 시간을 보내고 더 다양한 활동을 한다고 상상해보자. 현실 세계와 가상 세계는 주객이 전도되어 현실의 세상은 잠시 쉬어가는 정거장 역할을 한다. 그 결과 현실의 공간과 사람들, 그리고 그 안의 나는 점점 방치되고 소외될 수도 있다. 가상 세계가 우리의 주된 활동 무대가 된다면 현실 세계는 결코 현재와 같은 의미를 갖지 못한다. 가상 세계 속에서 비즈니스와 교육, 사교와 취미 등 대부분의 일상생활을 한다면 현실의 세상은 단지 먹고 자는 등 생존을 위한 일시적인 공간이 될지도 모른다.

　우리나라의 PC방에서 온종일 게임에 열중하는 사람들은 마치 PC방 외의 다른 공간은 필요하지 않은 것처럼 보인다. 오랜 시간 컴퓨터 앞에 앉아서 게임을 하고 식사까지 해결한다. 기본적인 생리 현상도 PC방 안에서 해결하며 의자에 앉아 쪽잠을 자거나 심지어 며칠을 씻지도 않는다. 이들에게 외부 세상은 PC방 안에서 필요한 것을 가져오기 위해 잠시 들르는 공간일 뿐이다. 너무 극단적인 예시지만, 미래의 메타버스 전성시대는 이와 매우 유사한 모습이거나 어쩌면 이보다 더할 수도 있다. 메타버스에서는 단순히 게임만 할 수 있는 게 아니다. 일상의 거의 모든 활동이 가능하기에 꼭 필요한 경우가 아니면 현실 세계로 돌아올 이유가 없다. 어쩌면 머지않은 미래에 메타버스로 만들어낸 가상 세계는 거대한 도시 스케일의 PC방이 될 수도 있다.

　제아무리 메타버스가 발달하고 그 안에서 일상의 대부분을 해결할 수 있다고 해도 인간의 실체적 존재는 결국 현실에 있다. PC방 게임 속에서 그 누구도 범접할 수 없는 최고의 무사로 활약하다가 현실 세계에서는 부모님의 호통에 훌쩍이는 소심한 고등학생이 되어야 하는 상황은 현실에 대한 괴리감을 더욱 증폭시킨다.

　이제 겨우 메타버스의 첫걸음을 떼는 시점에 이러한 염려는 기우일지도 모르겠다. 그럼에도 미래 메타버스를 설계할 때 만에 하나 발생할지도 모를 다양한 문제를 예측하려면 이런 문제들도 충분히 고려해야 한다. 그래야 진정한 의미의 유토피아가 메타버스 세상에서 열릴 수 있을 테니 말이다.

메타버스 간의 영역과 경계는 어떻게 정의될까?

인류의 역사에 기록된 모든 전쟁사는 더 많은 땅을 차지하기 위한 영역 다툼이라고 해도 과언이 아니다. 역사 이래로 인간에게 삶의 터전인 물리적 공간의 영역과 경계는 매우 중요한 요소였다. 인간들은 자신의 영역을 지키고 세력을 확장하고자 물리적 공간을 넓혀왔고, 이를 위해 수많은 노력과 희생을 대가로 치렀다.

중세 유럽의 봉건사회에서처럼 영주가 더 많은 영지를 차지하기 위해 싸우기도 하고, 국경을 확장하기 위해 국가와 국가가 전쟁을 치르기도 했다. 이러한 전쟁은 한 번으로 끝나지 않는다. 인간은 물리적 영역의 확장을 위해 전쟁을 일으키고, 전쟁에서 승리하기 위해 모든 사회 구성원의 자원과 에너지를 쏟는 것을 반복했다.

오랜 기간 인간의 역사와 함께한 물리적 경계의 확장과 축소는 생존과 쟁취를 위한 본능과도 같았다. 이는 인간에게 주어진 물리적 공간이 분명한 한계를 가진 제한된 자원이라는 데서 그 이유를 찾을 수 있다. 원하는 만큼 무한으로 공간을 확장할 수 있다면 굳이 피를 흘리는 희생을 치르며 남의 것을 빼앗지는 않는다. 최근의 러시아-우크라이나 전쟁만 하더라도 그 바탕에는 이러한 영역 확장이라는 욕망이 깔려 있다. 미래에도 물리적 공간의 확대를 향한 인간의 욕망은 변하지 않고 어떤 형태로든 발현될 것이다.

그렇다면 디지털 가상 세계인 메타버스에서는 영역 확장의 욕망이 어떻게 나타날까? 현실과 구분할 수 없을 정도의 완벽한 디지털 가상 세계인 메타버스가 탄생한다면 그동안 역사 속에서 지속된 물리적 영역 확장의 다툼이 사라질까? 아니면 또 다른 형태의 영역 확장을 위해 모든 것을 내걸고 치열하게 싸우게 될까?

영역과 경계는 무너지고 영향력만 남는다

더 넓은 땅을 차지하고자 끊임없이 집단 간 경쟁을 하고, 물리적인 토지를 어떤 세력이 얼마만큼 점령하느냐에 따라 국경이 만들어졌다. 종교나 사상, 정치 등 다양한 명분으로 전쟁이 발생하지만, 결과적으로는 늘 땅을 차지하거나 빼앗기면서 국경이 변화되었다.

국경과 같은 물리적 영역의 경계는 정신적 영역의 경계를 함께 만들었다. 물리적 영역의 경계 안에서 오랫동안 유지된 인간의 특정한 생활방식과 사고방식은 각 지역에서 그들만의 독특한 문화와 전통, 사상을 만들었고, 이는 곧 정신적 영역의 경계로 이어졌다. 그렇다면 이러한 물리적, 정신적 영역의 경계는 메타버스라는 가상 세계에서 어떻게 변화될까?

메타버스는 말 그대로 가상 세계이기 때문에 물리적 개념으로서의 공간은 없다. 이런 이유로 메타버스에서 공간은 한계 없이 확장될 것이며, 덕분에 인간은 더욱 큰 영역을 차지하기 위해 치열하게 경쟁하거나 서로를 희생시키는 일을 하지 않아도 된다.

물론 가상공간이라고 해서 경쟁이 아예 사라지는 것은 아니다. 어떠한 방식으로든 인간은 영역을 확보하기 위해 계속 노력할 것이다. 그것은 인간의 본성과도 같기 때문이다. 그러나 메타버스는 공간이 무한대로 확장되는 속성이 있으므로 과거에 제한된 영토를 가지고 치열하게 영역 쟁탈을 하던 경쟁의 양상은 바뀔 수 있다. 과거에는 땅과 같은 물리적 영역이 중요했다면 미래에는 영향력의 크기가 중요한 세상이 될 것이다.

메타버스 세계에서 영향력이란, 얼마나 많은 사람이 특정 목적과 콘텐츠를 공유하기 위해 가상의 디지털 영토에 참여하는가를 의미한다. 디지털 가상 세계에서는 참여자의 물리적 위치는 중요하지 않다. 물리적, 정신적 영역의 경계도 그 의미가 사라진다. 그래서 어느 국가나 문화권에 소속되어 있는가보다 더 중요한 것은 얼마나 많은 사람을 특정한 것에 공감하고 참여하게 하는가에 있다. 결국 이러한 영향력이 곧 디지털 메타버스 세계에서 가상적 영토의 크기가 된다. 우리가 알고 있는 현실 세계의 지도 위에 이러한 가상적 메타버스의 새로운 지도가 또 그려지는 것이다.

그뿐만이 아니다. 각 메타버스는 저마다의 영향력에 따라 위계가 형성될 것이다. 얼마나 많은 사람이 참여하고 활용하느냐에 따라 메타버스 간의 위계가 정해진다. 마치 유튜브 속 수많은 채널이 얼마나 많은 구독자와 조회 수, 시청 시간을 갖느냐에 따라 영향력의 위계가 형성되는 것과 같은 구조다.

이러한 변화 속에서 메타버스 세상의 영향력은 그 어느 시대보다 강력해질 것이다. 게다가 이 영향력은 과거의 물리적 영역처럼 고정되어 있지도 않다. 지속적으로 변화를 일으키며 확대되고 축소되는, 하나의 유기체적인 영역이 될 것이다.

메타버스의 승자와 패자

인류는 현실에서 제한된 자원인 대지를 기준으로 지리적이고 물리적인 영역 안에서 집단 간의 경쟁을 이어왔다. 그리고 대부분 전쟁을 통해 만들어진 힘의 역학 관계에 따라 각 영역과 경계를 만들었다. 물론 오늘날에는 거대한 국제기구의 감시와 강대국 간의 힘의 균형으로 국가 간의 전쟁은 최대한 지양하고 있다. 덕분에 제2차 세계대전 이후에는 일부 지역을 제외하고 국가 간의 지리적 경계인 국경에는 큰 변화가 일어나지 않고 있다.

현실 세계의 국가 간 또는 집단 간의 역학 관계는 가상의 디지털 세상에서는 완전히 다른 형태로 진행될 것이다. 메타버스는 콜럼버스가 발견한 신대륙처럼 원래 주인도 없고 어떤 영향력도 만들어지지 않은 세상이다. 이러한 새로운 기회의 땅을 선점하기 위해, 그리고 더 큰 영향력을 갖기 위해 국가와 기업 그리고 개인까지 모두가 치열하게 경쟁할 것이다.

메타버스 시대의 초입에 있는 지금도 글로벌 빅테크 기업들은 기존의 사업에 메타버스를 융합함으로써 시장 선점을 꾀하고 있다. 애플, 구글, 아마존 등 최강의 글로벌 빅테크 기업들이 스마트 안경, 헤드셋, 전자 상거래 지원 등으로 메타버스 세계에 본격적으로 발을 들여놓았다. 테슬라는 차량 내부 인포테인먼트 시스템에 게임 플랫폼을 탑재함으로써 자율 주행 차량에서 즐기는 메타버스에 도전하고 있다.

기존의 국가 간, 집단 간 물리적 영역 다툼의 결과가 '땅'의 확보라면, 메타버스 내에서 영향력 경쟁의 결과는 결국 '돈'이다. 인류의 미래산업을 이끌어갈 테슬라, 스페이스X 등 여러 글로벌 빅테크 기업들은 이미 예측할 수 없을 정도로 부를 형성했다. 심지어 세계는 백만장자(millionaire), 억만장자(billionaire)를 넘어 세계 최초의 조만장자(trillionaire)가 될 인물로 테슬라의 일론 머스크를 주목하고 있다.

이처럼 전 세계의 돈이 일부 빅테크 기업으로 집중되는 현상은 앞으로 더욱 가속화될 것으로 보인다. 특히 빅테크 기업들이 본격적으로 메타버스 사업을 확장하고 전환한다면 그 시너지로 메타버스의 힘과 영향력은 현실 세계의 어느 국가들보다 커질 수도 있다.

한편, 메타버스는 무한한 기회의 세상인 만큼 놀라운 반전도 예측할 수 있다. 메타버스가 열어가는 신대륙 시대에는 선점에서 뒤지는 국가나 기업, 개인은 급기야 패배자로 전락할 수 있다. 심지어 현재의 현실 세계에서 최고의 영향력을 행사하는 국가나 기업도 메타버스의 선점을 놓치거나 외면한다면 이후 맞게 될 메타버스 전성시대에 완전히 다른 운명을 맞닥뜨릴지 모른다.

최고의 디지털 소통 채널

인류는 변화하는 기술과 환경에 맞춰 우편과 유선전화, 무선전화, 이메일, SNS, 화상통화 등 그때그때 최적화된 소통 방식을 창조해왔다. 그리고 다가올 미래에 가장 주목하는 소통 채널로 메타버스가 떠오르고 있다.

메타버스를 어떤 대상이나 특정 기술 등 고정된 개념으로 정의하는 것은 한계가 있다. 오히려 새로운 형태의 플랫폼으로서 새로운 방식의 소통 공간이자 수단으로 봐야 한다. 즉, 메타버스는 가상의 디지털 환경과 공간적 구성을 제공하는, 역사상 최초의 혁신적 소통 채널인 셈이다. 마치 컴퓨터 기술의 발전에 따라 퍼스널 컴퓨터에서 노트북으로, 다시 손바닥만 한 모바일 기기로 전환하는 것과 같다. 메타버스는 인류가 옮겨 타야 할 차세대의 소통 채널로, 선택의 영역이 아닌 거스를 수 없는 문명의 큰 흐름이다.

메타버스가 구현하는 소통은 이전과는 전혀 다른 새로운 방식이다. 개인 간이나 그룹 간 소통이 더욱 입체적이고 다양화되는 것은 물론이고, 지금껏 상상하지 못한 방식의 소통까지 가능해진다. 기업과 개인 간, 기업과 기업 간의 비즈니스 소통은 물론이고 국가 간의 외교적 소통까지 가능해진다. 게다가 가상 세계 안에서만 가능한 것이 아니다. 메타버스와 현실 세계 사이에서도 다양한 방식의 소통이 가능해질 것이다.

예를 들면, 매우 강력한 영향력을 지닌 국가적 수준의 메타버스들과 현실 세계의 일반 국가들 사이의 견제와 균형, 상생을 위한 국제기구도 필요하다. 마치 현실 세계의 UN과도 같은 역할을 하는 국제기구가 메타버스에도 존재하는 것이다.

UN은 우리에게 전 세계 모든 국가가 공존하고 상생해야 한다는 중요한 가치를 심어주었다. 이러한 가치를 바탕으로, 경제적으로나 정치적으로 어려움을 겪는 국가가 있을 때 세계적 차원에서 도움을 주는 선순환을 일으킨다. 전쟁이 일어나더라도 나머지 국가들이 같이 참여하고 원조하는 모습을 보임으로써 문제를 해결하려고 노력했다.

메타버스 시대에는 디지털 영역에서도 이러한 UN과 같은 역할을 담당하는 기구가 필요하다. 게다가 디지털 가상 세계인 메타버스 안에서 이루어지는 모든 활동은 현실 세계까지 이어지며, 이는 곧 국가 간의 외교 관계에도 영향을 미칠 수 있다.

이렇듯 물리적 경계가 사라진 메타버스 세상에서는 힘의 역학 관계가 새롭게 정립되고, 복잡성과 다양성, 공존과 상생의 영역도 변화할 것이다. 메타버스가 가져올 변화에 당황하거나 혼란스럽지 않으려면 미리미리 다양한 변화를 예측하고 준비해야 한다. 이와 함께 더 나은 방향으로 나아갈 수 있도록 올바르게 이끌어가야 한다. 이 모든 것을 위해 우리는 메타버스에 대해 끊임없이 질문을 던져야 한다.

"수없이 만들어질 미래의 다양한 메타버스와 불변의 존재인 현실 세계의 관계는 어떻게 형성될 것인가?", "현실 세계와 메타버스의 경계는 어디까지이며, 어떠한 방식으로 형성될 것인가?", "현실 세계와 메타버스로 양분된 두 개의 거대한 영역은 앞으로 어떤 관계를 맺고 공존할 것인가?", "메타버스들 간의 관계와 경계는 어떻게 설정될 것인가?", "다중의 메타버스 세계들과 현실 세계와의 영역적 경계와 위계는 어떤 식으로 설정될 것인가?"와 같은 근원적인 질문을 던지고 그 해답을 찾아가야 한다. 그래야 미래를 철저히 대비할 수 있다.

메타버스 국가가
온다

물리적 공간의 현실적 한계를 뛰어넘는 메타버스는 과연 어디까지 확장되고, 얼마나 큰 영향력을 가질 수 있을까? 전문가들은 메타버스의 영향력은 '국가' 그 이상이 될 것이라 예견한다. 현재만 하더라도 일부 빅테크 기업의 규모나 영향력이 이미 일부 국가 수준을 넘어서고 있다. 실제로 2022년에 들어서서 애플의 총 자산 가치는 3조 달러에 달했으며, 이는 영국의 한 해 GDP를 능가한 수준이었다. 메타버스가 이제 겨우 첫걸음을 뗀 것을 고려한다면, 그 가능성은 실로 놀라운 수준이다.

현재 기준으로도 한 국가의 수준을 뛰어넘는 강력한 힘을 가진 빅테크 기업들이 메타버스를 소통의 주요 수단으로 활성화한다면 어떤 일이 벌어질까? 짐작건대, 엄청난 수의 고객과 팔로워가 함께 참여하는 슈퍼 파워 메타버스가 만들어질 것이다. 게다가 이들의 힘은 갈수록 거세질 것이다.

이러한 강력한 영향력과 그로 인한 가상의 영역성, 거대한 참여자들을 고려할 때 슈퍼 파워 메타버스는 현실에 존재하는 여느 국가보다 강력하고 중요한 역할을 하게 될 것이다. 그로 인해 우리는 인류 역사상 최초로 메타버스라는 가상 국가의 출현을 맞이할 수도 있다.

현실과 가상의 경쟁과 공존

가상 세계에서 가상 영토를 창조해 탄생할 메타버스 국가에서 우리는 지금껏 단 한 번도 경험해보지 못한 엄청난 공간의 확장성을 경험하게 된다. 가상 세계의 공간 확장성은 메타버스 안에서 수많은 가상의 국가를 탄생시키고, 이들의 형태도 현실 국가와는 다른 새로운 모습일 것이다. 심지어 이들의 힘은 가상 세계에만 머물지 않고 현실 세계로 나와, 현실 국가들과 정치, 경제, 사회, 문화 등 거의 모든 영역에서 경쟁하며 공존하게 될지도 모른다.

제아무리 메타버스의 기술과 영향력이 막강해진다고 해도 어떻게 하나의 국가가 될 수 있는지 선뜻 와닿지 않을 수 있다. 그렇다면 디지털 가상 세계는 과연 어떻게 실제를 뛰어넘는 국가를 창조해나가는 것일까? 국가의 기본 구성 요소는 국민, 영토, 주권이다. 메타버스 세상에서는 참여자가 국민이 되고, 참여자의 기본 권리는 주권이 된다. 물리적 영토만 빼고 모든 것을 갖출 수 있다. 그런데 물리적 영토는 메타버스 내의 네트워크 영역이 대체할 수 있다. 메타버스 내의 네트워크 영역은 새롭게 개척할 수도 있고, 기존의 영향력 있는 영역을 매입할 수도 있다.

메타버스 세상에서 국가는 일정한 법과 규칙, 시스템도 갖추게 된다. 이를 통해 메타버스 참여자들, 즉 가상의 국민들과 국가 차원의 법과 규칙을 공유하며 매우 효율적이고 생산적인 형태의 진화된 국가의 역할을 할 수 있다. 게다가 현실 세계 국가들의 정치, 외교, 사회제도 시스템을 능가하는 수준이 될지도 모른다.

어디 그뿐인가. 메타버스에서 만들어진 여러 가상 국가 간의 외교적 소통도 디지털 기술을 기반으로 하는 새로운 방식을 만들어낼 것이다. 경제 시스템도 마찬가지다. 이들은 엄청난 규모의 디지털 가상 자산을 만들어 메타버스 안에서 다양한 경제활동을 할 것이며, 이를 현실 세계와도 연동되도록 설계할 것이다. 이 경우 현실의 경제 시스템에도 막대한 영향을 미칠 수 있다.

또한 메타버스에서 만들어진 국가 차원의 거대한 힘은 새로운 국가 형태로 인식됨으로써, 현실 세계의 국가들과의 관계에도 영향력을 행사할 수 있다. 강력한 디지털 메타버스 국가들은 현실의 국가들과 외교, 경제 분야 등에서 관계를 맺으며, 국제사회의 참여자로서 역할을 감당할 것이다.

메타버스가 창조하는 유토피아

현실의 국가와 크게 다를 바 없는, 심지어 더 나은 역할을 해냄으로써 메타버스 국가는 그들만의 가상 세계 안에서 최고의 유토피아를 창조해낼 수 있다. 메타버스 국가의 참여자인 모든 국민이 나의 의지로 나의 삶을 살고, 그에 따른 행복감과 즐거움을 누릴 수 있는 진정한 의미의 민주주의가 구현될 수 있기 때문이다.

메타버스 국가의 가장 큰 특징 중 하나는 통치 시스템이다. 메타버스 국가는 현실의 국가에 기반을 두지 않는, 민간이 중심이 된 국가다. 즉, 팔로워들과 그 메타버스를 소유하고 있는 기업이 중심이 되는 새로운 방식의 메타버스 국가가 출현하는 것이다. 그 어디에도 권력이 집중되지 않는 탈중앙화(decentralization) 방식으로 이루어지는 혁신적인 형태가 될 것이다.

일부 선진 민주주의 국가를 제외한 많은 국가에서는 과거의 왕권 정치와 다름없는 통치가 이루어지고 있다. 왕족이나 일부 가문, 재벌 등과 같은 새로운 형태의 권력층이 여전히 많은 권력을 소유하며 막강한 영향력을 행사한다. 그러나 메타버스 국가는 기술적으로 탈중앙화함으로써 특정 개인이나 집단이 국가를 통제하고 조종하지 않는, 인류가 꿈꾸는 혁신적인 민주주의 방식이 가능하다.

메타버스 기업의 소유자는 결국 가상 국가의 절대 권력자가 아닐까 하는 의구심이 들지만, 이 또한 시스템으로 충분히 막을 수 있다. 메타버스를 소유한 기업 지분의 소유 형태를 다수의 소액 주주들로 구성하고, 모든 주주총회를 디지털 투표 방식으로 결정하면 된다. 이를 통해 메타버스 내 모든 국가가 완벽한 형태의 민주주의 방식을 갖출 수 있다. 물론 이러한 이론이 메타버스에서 실제로 구현될 때는 예상치 못한 맹점이 발견될 수도 있겠지만, 적합한 장치들만 갖춘다면 완벽한 민주주의의 실현은 결코 불가능한 일이 아니다.

더군다나 메타버스 국가의 국민인 참여자는 통치 시스템이 마음에 들지 않으면 언제든 그곳에서 벗어나 더 나은 유토피아를 찾아갈 수 있다. 현실 국가와 달리 메타버스에서는 국민인 참여자가 자유롭게 국가를 선택할 수 있기 때문에 국가는 국민을 위한 진정한 민주주의를 실현할 수밖에 없다.

한편, 메타버스는 가상 세계와 현실 세계가 결합한 새로운 국가의 형태로도 창조할 수 있다. 현실 세계의 일반 국가보다 더욱 강력하고 진보된 슈퍼 파워 메타버스가 나타난다면 현실 세계에서 힘없고 열세한 국가들은 존재감이 더욱 낮아지고 국제사회에서 제 역할을 해내기 어려워진다. 이럴 경우, 취약 국가들은 가상 세계에서 막강한 영향력을 가진 슈퍼 파워 메타버스에 도움을 요청하고 서로 결합함으로써 새로운 국가로 재탄생할 수 있다. 기업과 기업이 더 큰 이익을 위해 합병하듯이 각기 다른 세상의 국가들이 힘을 키우기 위해 하나의 형태로 통합되는 것이다. 이를 통해 새롭게 탄생한 국가는 현실 세계에서 국가가 갖춰야 할 국민, 토지, 주권의 모든 요소를 갖추고 가상 세계에서 막강한 영향력까지 가진 완벽한 국가가 된다. 물론 국제법적으로 여러 제약이 있겠지만 테크 기업의 경제 지원을 통한 파트너십은 충분히 가능할 것으로 보인다.

메타버스 국가의 가능성은 이보다 더 확장될 수 있다. 메타버스 국가는 현실 세계에서 열세한 국가를 인수해 현실의 영토에서 그들만의 특색을 가진 새로운 물리적 국가를 건설할 수도 있다. 현실 국가를 인수하는 것이 불편하고 번거로우면 아무도 살지 않는 곳의 넓은 토지를 매입하는 방법도 있다. 사막이나 북극, 아마존 정글 지역의 거대한 토지를 매입해 현실 세계에서 마치 버닝맨 페스티벌처럼 독특한 형태의 국가적 이벤트를 열 수도 있다. 가상 국가의 국민이 현실 공간에 함께 모여 국가의 운영과 미래를 논의하고 축제를 여는 것이다. 이렇듯 미래 메타버스 국가는 현실과 가상의 경계를 허물어 최적화된 형태의 국가 시스템을 만들어낼 수도 있다.

이러한 다양한 예측이 실제로 현실화된다면 과거에 공상적 사회주의자들이 꿈꾸던 유토피아, 아니 그 이상의 유토피아가 메타버스 세상뿐만 아니라 현실 세계에서도 이루어질 수 있다. 신기술로 무장한 완벽한 기술력과 막대한 부를 바탕으로 모두를 위한 가장 이상적인 가치와 철학을 펼치면서, 오랫동안 인류가 꿈꿔왔던 새로운 유토피아를 건설할 수 있을 것이다.

메타버스 시대, 부동산이 달라지다

메타버스가 공간을 무한대로 확장한다고 해서 그 안의 모든 공간이 동등한 가치를 지니는 것은 아니다. 가상 세계에서 수많은 가상 부동산이 생기겠지만 그 가치는 천차만별이다. 규모와 외관, 인테리어 등 모든 것이 똑같은 집이라도 서울 강남의 한가운데 있는 것과 시골 오지 마을에 있는 것은 가치가 확연히 다르다. 이처럼 메타버스 안에서도 부동산은 비싼 곳과 싼 곳이 존재한다.

발을 디디고 서 있지도 못하는 가상공간, 심지어 전원을 끄거나 로그아웃하면 눈앞에서 사라지는 가상 세계의 부동산에 가격이 매겨지고 가치의 차이가 생긴다니 황당하게 들릴지도 모른다. 그러나 수요가 있는 대상에는 결국 그 가치에 걸맞은 값이 매겨지고, 사려는 사람이 많아지면 가치는 오르기 마련이다. 이런 현실 법칙은 메타버스가 구현하는 세상에서도 그대로 유지된다.

그렇다면 메타버스 속 가상 부동산은 어떻게 가치가 매겨질까? 메타버스의 공간도 우리가 현실 세계에서 부동산, 즉 토지라는 물리적 영역을 다루는 것과 매우 유사하다. 그래서 사람들이 많이 찾고 인기가 높은 곳은 부동산 가격도 함께 올라간다.

메타버스는 현실 세계 속 도시의 기능도 재현한다. 물론 진짜 현실과는 확연히 구분되는, 미러 월드라는 분명한 한계를 지니고 있다. 즉, 메타버스 내의 공간은 맨해튼이나 런던, 서울을 디지털로 만들어낼 수는 있지만 실제 그것을 활용하는 것은 현실 세계의 방식과 차이가 있다. 어떻게 활용되고 어떻게 트래픽이 유도되느냐에 따라서 할렘이 맨해튼의 중심이 되고 월스트리트가 게토가 될 수도 있다. 현실과는 다른 새로운 방식으로 점유되기 시작하고, 트래픽과 효용성 등이 현실 도시와 다르게 적용될 수도 있기 때문이다.

가상 부동산은 어떻게 가치가 측정될까?

메타버스 내 어떤 특정한 위치에 사람들이 선호하는 다양한 활동을 하는 곳이 생길 수 있다. 기업의 계획적인 설계에 따라 탄생할 수도 있고, 예상치 못한 여러 요소로 우연히 탄생할 수도 있다. 현실 세계든 가상 세계든, 제한된 시간 안에서 인간이 활발하게 활동하는 공간과 환경이 결국 가치를 창출하는 곳이 된다.

가상 세계의 영역은 거의 무한대로 확장할 수 있으나 각 공간의 활성화 정도는 차이가 나고, 그것이 곧 부동산의 가치를 결정하는 중요한 기준이 된다. 점유 방식이 어떠한지, 어떤 종류의 콘텐츠로 트래픽이 일어나는지에 따라 완전히 다른 성격의 효용 지도가 만들어진다. 예를 들면, 미국은 광활한 영토를 가졌으나 개발과 발전 정도는 지역마다 제각각이다. 뉴욕이나 시카고, LA와 같이 매우 발전하고 번화한 곳도 있지만, 도시와 멀리 떨어져 넓은 도로나 높은 빌딩을 찾아보기 힘들 정도로 낙후된 곳도 있다.

가상 세계도 결국 인간이 활용하는 곳이므로 현실 세계의 토지 개발 방식과 크게 다르지 않다. 메타버스 안에서도 개발 가치가 있다고 판단되는 곳을 중심으로 가상 도시가 개발된다. 마치 미국의 서부 개척 시대와 같다. 황량한 대지에 사람들이 들어와 집을 짓고 상점을 열면서 마을을 만들고, 넓은 도로와 높은 빌딩을 지으면서 도시 공간으로 발전한다. 이렇게 생겨난 도시들이 발전하는 방식도 현실 세계와 매우 유사할 것이다. 누가 어디를 선점하고 어떠한 영향력을 얼마나 발휘하면서 트래픽을 계속 일으키느냐가 도시 개발의 중요한 요인이 된다. 이는 거대한 네트워크를 변화시키는 중심적 노드가 된다.

이러한 과정을 통해 개발된 여러 도시에 사람들이 모이고 다양한 경제활동을 한다. 이때 각 도시의 부동산은 어느 지점을 언제, 얼마나 오랫동안 선점하느냐, 어떻게 활용하느냐, 그리고 얼마나 많은 사람이 소유하려 하느냐에 따라 부동산의 효용성과 비교적 우위가 결정된다. 현실 세계의 부동산 가치가 산정되는 방식과 비슷하다.

높은 가치가 창출된 공간은 자연히 도시를 이루는 노드가 되며, 도시 공간 내에서도 이러한 새로운 노드들이 계속 생성하고 소멸한다. 노드의 생성과 소멸은 새로운 형태의 네트워크를 끊임없이 형성하며 유기적으로 변해간다. 이를 통해 위치에 따른 차별화된 가치가 생겨나고, 그 가치는 필요한 이들에 의해 꾸준히 거래된다.

실제로 2021년 한 해 동안 샌드박스(The Sandbox), 디센트럴랜드(Decentraland), 크립토복셀(Cryptovoxels) 등 메타버스에서 가장 주목받는 플랫폼들이 5억 달러가 넘는 가상 부동산을 거래했다. 전문가들은 2022년에 메타버스 안의 가상 부동산 거래가 10억 달러 규모가 될 것이며, 2028년까지 대략 30%의 성장률을 보일 것으로 전망했다.

물론 현재 메타버스는 초기 단계이므로 교육이나 주거의 수요보다는 엔터테인먼트나 비즈니스의 수요가 월등히 높다. 그러나 더 발전된 미래 메타버스에서는 사람들이 현재보다 더 다양한 영역에서 활발히 활동할 것이다. 메타버스가 더욱 다양해지고 확장될수록 효용성이 높은 부동산의 가치도 함께 오를 것이다.

메타버스 시대, 현실의 부동산은 어떻게 변화할까?

메타버스 속 부동산의 영향력과 가치는 현실 세계에도 큰 변화를 가져올 것으로 보인다. 메타버스에서 가상 부동산의 영향력이 커지고 거래가 활발해지면 현실의 부동산은 경쟁이 완화되고 수요가 감소해 가격이 내려갈 수도 있다. 대표적인 사례로 오피스 공간의 거래를 들 수 있다. 메타버스 속 가상공간에서 보고서를 작성하고 기획 회의를 하고 다양한 비즈니스 미팅을 한다면 굳이 현실 세계에서 출근이 필요하지 않다. 어쩌면 미래에는 많은 사람이 메타버스로 출근할지도 모른다. 이미 메타와 카카오는 메타버스의 근무와 실제 회사의 근무를 혼용하는 환경을 만들고 있다. 이러한 변화로 온전히 메타버스에서만 근무하게 된다면 현실의 오피스 공간은 더 이상 필요하지 않게 된다.

이러한 변화는 오피스 공간에만 해당하는 것은 아니다. 기술 발전에 따른 환경 변화로 다양한 현실 부동산의 사용 빈도는 점점 떨어질 수밖에 없다. 그 결과 현실 부동산의 가치도 빠른 속도로 하락할 것이다. 실제로 코로나 팬데믹 이후 아마존, 쿠팡 등의 이커머스가 활발해지면서 오프라인 쇼핑의 대명사인 미국의 시어즈나 메이시스 등이 파산했고, 이들의 부동산은 현저히 낮은 가격으로 시장에 나왔다.

이처럼 이커머스, 가상공간 등 신기술을 활용한 서비스가 많은 분야에서 활성화될수록 현실 세계의 부동산은 우리가 예상한 것보다 더 예민하게 반응할 것이다. 물론 오프라인 매장 중심의 거대 유통업의 몰락과는 별개로 현실 세계에서 새로운 형태의 부동산 수요가 탄생할 수도 있다. 또한 메타버스에서 가상 부동산의 위치에 높은 프리미엄이 매겨지면 그 가치가 매우 높게 책정될 수도 있다. 만화와 같은 디지털 아트가 NFT를 활용한 희소성으로 현재 몇십억 원의 가치가 되어 유통되고, 암호 화폐 시장이 예상을 뛰어넘어 급성장하는 것만 보더라도 메타버스 부동산에 믿기지 않을 만큼 가치가 만들어지는 것은 충분히 예상되는 일이다.

한편, 이러한 변화된 미래 환경에서는 건축가의 역할도 달라질 것이다. 지금의 건축가는 현실에서 물리적 자원을 활용해 실질적인 건물과 공간을 만드는 전문가다. 그런데 미래에는 가상 세계에서 가상의 디지털 공간과 환경 등을 디자인하는 가상공간 디지털 건축가도 생겨날 것이다.

나아가 현실과 가상의 환경을 넘나들며 활동하는 새로운 개념의 건축가도 탄생할 수 있다. 현실 세계에서 건축과 공간을 만들어내는 단계를 넘어 메타버스 공간 안에서 하나의 완벽한 유기체적 도시 환경과 건축을 기획하고 창조하는 종합적 공간 크리에이터로서 건축가가 등장할 것이다. 이러한 새로운 건축가들은 과거 건축가와는 다른, 탁월한 인문학적 지식과 역사적 지식, 풍부한 상상력과 창조성, 숙련된 디지털 기술을 필수로 갖춰야 한다.

메타버스에서 건축가들은 디지털 아티스트들처럼 독특하고 혁신적이고 유일무이한 공간 디자인을 NFT로 제작할 수도 있다. 게다가 이러한 혁신적인 공간은 현실 세계에서 건축될 수도 있다. 메타버스에서 인기와 영향력을 확인한 건축물은 희소성과 독창성의 가치를 그대로 가진 채 현실 세계로 나와 물리적 성질을 가진 실제 건축물로 완성된다. 이 또한 미래에 구현될 현실과 가상의 세계가 공존하는 다중적 세계에서 사람들에게 큰 즐거움을 제공하는 역할을 할 것이다.

신뢰할 것인가,
신뢰하지 않을 것인가

변화된 미래에 새롭게 탄생할 디지털 가상 세계는 사람과 사물, 콘텐츠, 거래 등을 어떻게 신뢰할 것인가라는 문제를 동반한다. 메타버스의 유명한 사교 커뮤니티에서 꿈에 그리던 이상형의 이성을 만났다고 가정해보자. 아바타의 외모는 물론이고 말투, 성격, 취향, 지적 수준, 경제력, 가치관 등이 평소 내가 생각하던 이상형과 100퍼센트 일치한다면 단순한 매력을 넘어 사랑의 감정까지 느낄 것이다. 그리고 가상공간이 아닌 현실 세계에서 진지한 만남을 가져보고 싶을 수도 있다.

과연 현실의 만남에서 나의 기대는 충족될 수 있을까? 물론 그럴지도 모른다. 하지만 반대의 상황도 벌어질 수 있다. 메타버스와는 다소 차이가 나는 외모에 말투나 성격, 취향 등 내가 중요하게 생각하던 것들이 조금씩 어긋나는 경험을 할 수 있다. 심지어는 완전히 정반대인 사람일지도 모른다. 더 극단적으로는 나와 같은 성별의 사람이 나올 수 있다. 메타버스 속 아바타의 성별을 조작한 것이다. 애초에 사람이 아닌 AI가 나와 소통하면서 사랑의 감정을 키우는, 아주 끔찍한 상황도 벌어진다.

　말도 안 된다는 생각이 들 정도로 극단적인 상상이지만, 절대 그럴리 없다며 확신할 수도 없다. '가상'은 실체 없는 허구이자 가짜라는 의미와도 일맥상통한다. 따라서 그 안에서 수많은 사람과 다양한 경험을 맞닥뜨리며 과연 누구를 믿고 무엇을 믿어야 할지, 믿는다면 어디까지 믿어야 할지 '신뢰'와 관련한 문제가 메타버스가 풀어야 할 중요한 과제 중 하나다.

메타버스, 새로운 신뢰 시스템이 필요하다

우리가 누군가 또는 무언가와 새로운 관계를 맺을 때 그 시작점은 '신뢰'다. 신뢰할 수 있는가, 신뢰할 수 없는가에 따라 상대와 새로운 관계를 맺을지, 맺지 않을지를 결정한다. 그 관계는 인간과 인간의 관계일 수도 있고 인간과 시스템의 관계일 수도 있다. 우리가 은행에 돈을 맡기는 것도 은행이 나의 돈을 잘 관리해주고 이자 수익을 지급한다는 시스템을 신뢰하기에 가능한 일이다. 꼬박꼬박 세금을 내는 것도 국가가 그 세금으로 국민을 보호하고 더 나은 삶을 제공할 것을 신뢰하기 때문이다.

　인간에게 신뢰는 선택의 영역이다. 신뢰할지, 신뢰하지 않을지의 선택은 지극히 개인적인 방식으로 이루어진다. 대부분은 신뢰해야 할 대상에 관한 정보를 다양한 방식으로 수집한다. 이러한 정보와 더불어 개인의 경험, 가치관, 감정, 환경, 문화적 배경 등 복잡하고 다양한 필터를 거쳐 비로소 신뢰 여부를 선택하게 된다.

물론 이것은 신뢰 여부를 선택하는 가장 이상적인 방식이다. 현실에서는 전혀 다른 반대의 상황도 벌어진다. 신뢰 여부가 개인의 선택이 아닌 중앙 통제식으로 결정되는 것이다. 중앙 통제식은 소수의 엘리트 지배 집단이 이미 하나의 체계를 선택하고, 이를 집단적 시스템으로 만들어 사람들이 신뢰하도록 만든다. 즉, 지속적인 메시지 주입과 교육을 통해 자신들이 만든 시스템을 사람들이 아무런 비판 없이 받아들이고 신뢰하게 만드는 것이다.

실제로 인간은 그가 속한 국가와 정치, 사회, 문화, 역사, 환경 등의 요소에 따라 어떤 시스템을 무비판적으로 신뢰하기도 한다. 이는 개인의 선택이라기보다 오랜 학습을 통한 강요된 선택이라 볼 수 있다.

이렇듯 역사 속에서 인간은 신뢰의 여부를 개인이 선택하거나 중앙 통제식으로 무비판적으로 수용해왔다. 그런데 최근에는 이러한 기존 방식들이 무너지고 있다. 비약적으로 진화된 기술 기반의 새로운 시스템이 출현하면서 인간은 과거와는 다른 형태의 신뢰 프로세스 방식을 맞이하게 되었다. 중앙 통제식 수직 구조의 신뢰 프로세스에서 벗어나 수평적 네트워크를 통한 탈중앙화 방식의 신뢰 프로세스가 새롭게 등장한 것이다.

특히 디지털 가상 세계인 메타버스에서 신뢰 여부는 더욱 중요해졌다. 화려하고 멋진 가상 세계가 아무리 많이 탄생한다고 해도 유일하게 존재하는 것은 현실 세계고, 그 외에 수많은 것은 허구적 존재이기 때문이다. 그럼에도 메타버스는 현실 세계 못지않은 중요한 공간이고, 무수히 많은 사람이 메타버스에서 활동하며 또 다른 의미의 소중한 삶을 살아가게 된다. 이런 모순적인 상황에서 가상 세계의 신뢰는 더욱 중요한 가치가 될 수밖에 없다.

미래 메타버스가 보여줄 다양한 가상적 환경과 수많은 가상적 대상 가운데 우리가 무엇을 신뢰해야 하는지는 중요한 문제다. 메타버스가 열어가는 다중적인 디지털 가상 세계에서 인간은 자신을 대리하는 아바타를 통해 경제, 취미, 오락, 교육, 문화, 만남 등 다양한 활동을 한다. 이러한 활동은 대부분 혼자가 아닌 타인과의 관계를 통해 이루어지기 때문에 개인은 가상 세계에서 자기 자신을 인증해야 하고, 타인도 나에게 자신을 인증해야 한다.

따라서 이러한 신뢰를 보증할 여러 종류의 보안과 인증 시스템이 매우 중요하다. 내 앞의 수많은 아바타 중 과연 누구를 신뢰할지, 내가 마주하는 상대가 인간인지 알고리즘인지, 어떤 대상과 어떤 콘텐츠와 시스템, 어떤 메타버스의 세계를 신뢰해야 하는지를 판단할 근본적인 보안 인증 기술은 필수적이다.

화려한 이력의 엘리트가 신뢰를 담보할 수 있는가?

역사적으로 인류는 대부분 중앙 집권적 형태의 사회에서 살아왔다. 역사 속에서 수많은 국가가 왕권주의를 벗어나 민주주의로 정치체제를 진화시켰지만, 궁극적으로는 중앙 통제식을 계속 유지했다. 정치 시스템과 무관하게 어느 사회든지 소수의 엘리트 집단이 다수인 보통의 사람들을 통치하고 이끌었다. 민주주의 사회에서도 민주적 선거 방식으로 선출된 리더들이 극소수의 엘리트들과 함께 사회를 통치하고 운용해왔다. 왕권의 세습이냐 민주적 선거 방식이냐의 차이만 있을 뿐, 결국 소수의 사람이 다수의 사람을 지배하는 중앙 통제식이라는 것에는 변함이 없다.

이 시스템의 가장 치명적인 단점 중 하나는 그들이 선출한 리더와 그 중간에 있는 중간자, 그리고 대리인들이 중대한 실수를 저지르면 전체 시스템이 마비되고 사회는 혼란을 넘어 파국으로 갈 수 있다는 점이다. 여기서 발생하는 모든 피해는 소수 엘리트의 통제를 받는 다수의 일반인에게 돌아간다. 게다가 다수의 일반인은 이런 파국의 원인이 무엇인지 정확하게 알지 못한 채 무조건 감내해야 한다.

이러한 중앙 통제형 시스템의 치명적 오류는 오늘날 경제 대공황과 리먼 브라더스 금융 사태 등 몇 차례의 대규모 금융 위기를 통해 이미 확인되었다. 이후에도 전 세계적으로 가장 신뢰하는 금융의 중심지인 뉴욕이나 런던, 싱가포르 등에서도 매도프의 다단계 금융 사기 사건, 조 로루의 말레이시아 국부 펀드 운용 사기 사건 등 금융과 관계된 수많은 대형 사기 사건이 벌어졌다. 이들 사건의 중심에는 늘 세계 최고의 엘리트들이 있었다.

금융 엘리트들은 세계 최고의 학벌과 유수의 세계적 금융 기관 근무 이력 등 화려한 커리어를 바탕으로 대중에게 신뢰를 얻었다. 하지만 그것이 개인적인 도덕성까지 담보하지는 못한다. 금융 분야를 비롯한 일부 소수의 엘리트 그룹이나 중간자, 대리인이 사익을 위해 다수를 희생시키려 한다면 언제든 유사한 위기는 일어날 수 있다.

심각한 경제 위기를 겪으며 사람들은 중앙 집권적 통제 체제로 운용되는 금융 구조에 회의를 갖기 시작했다. 모든 금융이 자체적으로 합리적인 시스템에 의해 운용되는 듯이 보이지만 실상은 소수의 엘리트 집단에 전적으로 의존해야 하는 취약한 구조이기 때문이다.

결국 인류는 개인의 신뢰도와 능력에 의존하는 대신 이를 대체할 수 있는, 더 스마트하고 안전한 시스템을 찾기로 했다. 금융의 중심지인 뉴욕과 런던 등에 있는 유수의 투자은행들이 펀드매니저를 인공지능으로 대체하는 것도 더욱 근원적인 신뢰 시스템을 구축하기 위한 노력 중 하나다.

블록체인, 수평적 신뢰 시스템이 열리다

메타버스라는 다중성의 세상에서 가장 주목받는 보안 기술 중 하나가 블록체인이다. 차세대의 미래 기술 중 가장 중요한 핵심 기술로 주목받는 블록체인은 기존 소수 엘리트 집단에 의존한 중앙 통제적 인증 방식에서 벗어난 완벽한 수평 구조의 네트워크를 기반으로 만들어졌다. 그래서 해킹이 불가능한, 이론적으로 거의 완벽한 보안 인증 시스템이다.

게임이론과 확률이론에 근거해 만들어진 블록체인 기술은 독립된 개인들의 연결을 통한 수평적 P2P 구조로 이루어져 있다. 사용자 개인은 각자의 보안 지갑을 가지고 다른 익명의 사용자들을 서로 인증하고 확인시켜주면서 완벽한 수평적 인증을 한다. 그리고 익명의 개인과 개인이 무한대로 연결됨으로써 보안과 안정성이 더욱 철저하게 보장되는 구조다.

이러한 완벽한 수평적 보안 인증 구조의 탄생으로 과거 오랫동안 유지된 중앙 통제식 신뢰 시스템은 중대한 전환점을 맞이하고 있다. 특히 금융 분야에서 이러한 현상이 두드러지게 나타나고 있다. 블록체인 기술은 오랜 세월 인류와 함께한 중앙 통제식 신뢰 시스템에서 가장 취약한 단점인 '중간자와 대리인들이 소수 엘리트의 이익만을 위해 지나치게 큰 영향력을 행사하는 것'을 막을 수 있는 혁신적 방식이라 할 수 있다. 실제로 금융 위기를 반복적으로 겪으면서 사람들은 중앙 통제식 사회에서 발행하는 화폐의 존재 가치를 불신하게 되었다. 그 대체제로 블록체인 기술을 기반으로 암호 화폐 비트코인과 이더리움 등을 탄생시켰고, 미술계의 NFT와 그 외의 완벽한 보안이 필요한 분야에서 점점 그 영향력을 확대하고 있다.

이렇듯 현재 우리는 새롭게 등장하는 기술과 시스템을 신뢰해야 하는 전환기에 살고 있다. 그 과정에서 익숙했던 기존의 신뢰 방식이 무너지고 지금까지와는 전혀 다른 방식의 새로운 신뢰 방식을 요구받고 있다. 이름도 생소하고 이해하기도 쉽지 않은 버추얼한 기술의 시스템을 신뢰해야 하는 사회가 도래한 것이다.

이러한 혁신 구조는 고대부터 현대까지 중앙 집권적 시스템의 신뢰를 바탕으로 이루어진 수직적 권한 구조와는 정반대다. 메타버스 시대의 새로운 신뢰 시스템은 기술을 바탕으로 수평적 네트워크를 통해 집중과 권한이 이루어지는 시스템이다. 어떤 특정 대상보다는 패턴과 알고리즘을 신뢰하는 새로운 시스템이다.

블록체인 기술은 미래 메타버스 세상에서 신뢰 시스템의 열쇠를 제공했으나 여전히 보완되고 고려되어야 할 부분이 많다. 블록체인 기반의 기술은 먼저 그것을 완벽하게 지탱할 수 있는 기술과 시스템이 구현되어야 한다. 그리고 그 기술을 누가 만들고 관리하느냐의 문제가 발생한다. 즉, 완벽한 신뢰 시스템을 구축하면서 그 기술을 만들고 관리하는 사람들에 대한 신뢰 문제가 과제로 던져진 것이다.

신뢰 시스템의 전환에 따른 혼돈과 저항도 예상된다. 지금으로서는 블록체인이 중앙 통제적 시스템을 보완할 최선책이지만 변화에 따른 혼란도 피할 수는 없다. 사람이 어떤 대상이나 체계를 신뢰할 때 이성적 판단과 더불어 오래전부터 믿어온 문화와 관습이 무의식적으로 큰 영향을 미친다. 그래서 다른 형태의 신뢰 방식을 요구받을 때 극심한 심리적 혼란에 빠질 수 있다.

이와 더불어 기존의 중앙 집권적 시스템 내에서 활약하던 엘리트와 중간자, 대리인의 저항, 그리고 그들의 지지자들의 거센 저항도 만만치 않을 것이다. 물론 혼란과 거센 저항이 예상된다고 해서 이미 대세가 된 변화를 거스를 수는 없다. 오랜 역사가 증명하듯 결국 허술한 현재의 시스템은 물러나고 새로운 아이디어와 기술이 자리를 차지할 것이다. 특히 현실과 거의 유사한 메타버스라는 디지털 가상 세계에서는 그 속도가 더욱 빨라질 것이다.

가짜 세상 속
진짜를 찾아라

보이지 않고 경험할 수 없는 시스템을 신뢰하는 것처럼 어려운 일은 없다. 서양의 옛 속담에 "보이는 것이 믿는 것이다(seeing is believing)"라는 말이 있다. 이 속담은 수많은 세월을 통해 오직 "보이는 것만 믿을 수 있다" 또는 "보이는 것은 믿을 수 있다"라는 불변의 교훈을 전하고 있다.

하지만 이 속담은 지금은 통하지 않는 구시대의 유물이 되고 말았다. 보는 것만으로도 믿을 수 없는 세상이 오고 있기 때문이다. 디지털 가상 세계인 메타버스에서 모든 것이 실제 경험하는 것처럼 구현되었을 때 과연 '보이는 것은 믿을 수 있는 세상'이 유효할지 의문이 든다.

반면 "보이지 않는다고 해서 믿을 수 없는 것인가"라는 문제도 고민해봐야 한다. 메타버스는 디지털 기술이 구현하는 가상 세계다. 눈으로 확인할 수 있는, 실체가 분명한 현실 세계와 비교할 때 분명 허구이자 가짜인 세상이다. 그 안에는 실제 모습은 보이지 않는 가상의 아바타들이 있다. 이들은 서로 어울리며 웃고 이야기를 나눈다. 상품과 서비스를 거래하고 부동산을 사고파는 등 경제활동도 한다. 그런데 실체가 보이지 않으니 이들과 함께한 모든 활동이 가짜라는 말인가?

이러한 문제를 해결하기 위해 메타버스에서는 우리가 단지 눈으로 보는 것 이상의, 시스템적으로 믿을 수 있는 완벽한 보안 장치가 필요하다. 디지털 메타버스의 전성시대에는 실체를 알 수 없는 수많은 아바타가 경제활동, 생산 활동, 금융 활동, 본인 인증, 디지털 자산 인증, 디지털 계약 등 현실 세계에서 우리가 하는 대부분의 활동을 할 것이다. 그 안에서 누가 진짜인지, 무엇이 진짜인지 혼란을 겪지 않으려면 가상 세계 속 진짜를 증명하고 인증하는 장치가 필요하다.

가상의 세상에서 진짜를 어떻게 증명할 것인가?

사람이 모이는 곳에는 항상 재화나 서비스를 사고파는 경제활동이 발생한다. 메타버스 역시 사람들이 모이는 곳이므로 당연히 경제활동이 일어난다. 지금도 메타버스에서는 아바타를 위한 옷이나 신발, 장신구 등이 활발하게 판매되고 있다. 이러한 현상은 메타버스의 발전과 성장으로 더욱 가속화될 것으로 보인다.

가상의 세계인 메타버스 내에서 아바타를 꾸미기 위한 옷과 다양한 소품뿐만 아니라 아바타를 위한 가구나 자동차도 거래되고, 심지어는 개인의 취향과 요구에 맞춰 제작된 멋진 자동차와 비행기도 나올 것이다. 디지털 아트를 비롯한 창조적인 디지털 아이템들도 엄청나게 생산되어 거래될 것이며, 일부 디지털 상품은 고가에 거래될 것이다.

우리의 예측처럼 메타버스에서 활발한 경제활동이 일어나려면 거래의 안전성과 투명성이 먼저 보장되어야 한다. 거래자와 상품의 실체를 직접 확인할 수 있는 현실 세계에서도 신뢰를 저버리는 행위들이 종종 발생하므로, 가상공간 내의 거래는 더더욱 조심스러울 수밖에 없다.

이런 이유로 현실 세계의 거래는 물론이고 메타버스 내의 취약한 신뢰 시스템을 바꾸고 거래의 투명성과 안전성을 보장하기 위한 수단으로 블록체인 기술이 주목받고 있다. 실제로 많은 전문가가 블록체인을 활용한 NFT와 웹 3.0의 기술들이 향후 메타버스와 연계되어 메타버스 경제 시스템의 기반이 될 것으로 예측한다. 특히 NFT는 메타버스 경제 시스템에서 재화가 투명하고 안전하게 이동하도록 돕는 최고의 기술로 꼽힌다.

NFT(Non-Fungible Token)는 '다른 토큰으로 대체 불가능한 토큰'이라는 뜻의 경제 용어로, 텍스트나 영상, 그림, 오디오 등으로 된 디지털 콘텐츠에 고유한 인식 값을 부여함으로써 세상에서 유일무이한 재화를 만들어내는 방식이다. 블록체인 기술을 활용한다는 점에서 비트코인이나 이더리움 등의 암호 화폐와 유사하지만, 디지털 콘텐츠에 고유의 일련번호를 넣어 원본임을 증명한다는 점에서 분명한 차이가 있다.

메타버스에서 일어나는 다양한 경제활동에 NFT가 기반이 되면 소유자를 명확하게 인증할 수 있고, 상품이나 콘텐츠 등 디지털 재화의 위조나 변조 등이 불가능하다. 즉, 원본에 고유한 인식 값이 부여되므로 위조나 변조가 무의미해진다. 클릭 몇 번으로 복제가 가능했던 기존 디지털 콘텐츠들의 취약점을 보완함으로써 해당 콘텐츠가 세상에 유일한 '원본'임을 인증하는 것이다. 게다가 디지털로 가상 세계 내의 거래이긴 하지만 진짜임을 인증할 수만 있다면 현실 세계의 거래보다 더욱 안전하고 투명할 수 있다.

NFT로 더욱 활성화되는 메타버스 경제

NFT는 원본에 대한 인증이라는 장점만 있는 것이 아니다. 위조나 변조의 의미가 사라지게 장치함으로써 원본에 희소성의 가치까지 부여한다. NFT를 세상에 처음 선보인 것은 미국의 블록체인 게임 제작사인 대퍼랩스(Dapper Labs)다. 2017년 대퍼랩스가 블록체인 기술을 활용한 크립토키티(CryptoKitties) 게임에서 세상에 단 하나뿐인 나만의 디지털 고양이 캐릭터를 만들고 거래하도록 하면서 NFT가 일반 대중에 알려지고 관심을 받게 되었다.

NFT 작품은 희소성 덕분에 고가에 판매되는 경우가 많다. 테슬라의 CEO 일론 머스크도 NFT로 고유의 인식 값을 부여한 자신의 뮤직비디오를 경매에 올려 화제가 되었고, 그의 전 연인이었던 가수 그라임스도 NFT 디지털 그림 10점을 경매에 내놓아 580만 달러(약 65억 원)의 수익을 올리기도 했다. 2021년에는 디지털 아티스트 비플(본명 마이크 윈켈만)이 경매에 올린 〈매일: 첫 5000일(Everydays: The First 5000 Days)〉이란 작품이 무려 6,930만 달러(약 785억 원)에 낙찰되기도 했다.

사람들이 이렇게까지 NFT에 열광하는 것은 NFT로 소유권이 인증

비플의 〈매일: 첫 5000일〉

된 콘텐츠들이 세상에서 단 하나뿐인 재화이기 때문이다. 이러한 희소
성으로 내가 제작하거나 구매한 디지털 콘텐츠의 가치가 더욱 상승할
수 있다. 심지어 앞선 사례들처럼 현실에서는 상상할 수 없을 정도의
엄청난 가치가 부여되기도 한다.

또 다른 매력은 평범한 사람들도 NFT를 발행할 수 있다는 점이다.
내가 제작한 글이나 사진, 그림, 영상, 음악 등을 블록체인 네트워크에 올려 블록이 생산되면 그와 동시에 고유의 일련번호가 만들어지고, 디지털 재화의 소유권이라 할 수 있는 NFT가 발행된다. 이를 NFT 거래 플랫폼에 올려두고 구매를 원하는 사람에게 팔면 된다.

메타버스에서 NFT가 일상화되면 참여자들은 나만의 독특하고 창의적인 아이디어로 디지털 상품을 제작하고 판매할 수 있다. 거래가 활발해지면 나만의 브랜드로도 성장시킬 수 있다. 패션 디자인에 재능이 있다면 이를 디지털 상품으로 제작해 판매하면 된다. 액세서리, 가구, 자동차도 마찬가지다. 현실 세계와 다를 바 없이 개인은 메타버스에서도 자유롭게 나만의 디지털 콘텐츠를 창작하고 수익을 창출할 수 있다.

이렇듯 현실 세계는 물론 가상 세계에서도 개인 창작자들이 콘텐츠의 소유권을 인증받고 직접 자유롭게 거래하면 경제 시스템에도 커다란 변화가 일어날 것이다. 지금까지 중앙 집중적으로 이루어진 경제 생태계가 급속하게 탈중앙적 경제 시스템으로 바뀔 것이다. 금융을 비롯해 디지털 콘텐츠의 생산과 유통에서 큰 변화가 일어나고, 나아가 현실 세계에서 생산되는 실제 제품에도 메가 브랜드에 의해 생산되는 과거의 방식이 무너지고 새로운 변화가 찾아온다. 대량생산 체제도 일부는 유지되겠지만 매우 많은 부분에서 NFT를 통해 개인의 소유권이 인정되면서 개인이 만들어내는 스몰 브랜드가 활성화될 수 있다.

이를 통해 개인이 주도하는 소량 다품종 생산 시대가 도래하고, 소비자들도 다양한 선택지 속에서 자신의 취향에 맞는 상품을 선택할 수 있다. 심지어 이러한 변화의 물결은 개인의 개성과 주체성이 더욱 강조되는 미래 메타버스의 흐름과 연결되면서 속도가 더욱 거세질 것이다.

수많은 메타버스 속의 다양한 '나들'

메타버스 세상에서 인류는 이전에 없던 새롭고 놀라운 경험을 하게 된다. 그중 하나가 아바타다. 메타버스 시대의 큰 특징 중 하나는 나의 레플리카, 즉 아바타가 존재한다는 것이다. 그것도 하나가 아닌 여럿이 존재한다. 현실 속의 나는 세상 그 어디에도 없는 유일한 존재지만 메타버스에서는 디지털 복제를 통해 각양각색의 새로운 나가 탄생하고 활동한다.

나와 꼭 닮은 미러 이미지의 레플리카인 디지털 '나'로 존재할 수도 있고, 내가 아닌 아주 다른 형태의 나를 만들 수도 있다. 예를 들면, 내가 되고 싶었던 다른 인종이나 국적으로 존재할 수도 있다. 좋아하는 동물이나 다른 성별로도 존재할 수 있다. 심지어 이 세상에 존재하지 않는 전혀 새로운 형태의 창조물로도 활동할 수 있다.

어떠한 형태로 존재하든 메타버스 안에서 나를 대리하는 아바타들은 현실 세계의 나와 완전히 별개일 수는 없다. 나의 아바타들은 겉모양은 제각각이어도 현실 세계의 유일한 존재인 나의 성격, 특징, 취향, 지적 능력 등을 일정 부분 담고 있기 때문이다. 외모를 제외한, 나의 모든 특질이 내가 선택한 디지털 아바타를 통해 재탄생하는 것이다.

진짜도 가짜도 아닌 복수의 '나들'

디지털 가상 세계 안에서 하나가 아닌 복수의 '나들(myselves)'로 인해 인간은 새로운 삶의 방식을 갖게 된다. 디지털 복제로 탄생하는 여러 종류의 '나들'은 메타버스에서 나를 대리하며 내가 원하던 새로운 형태의 삶을 살아간다.

삶은 궁극적으로 경험을 통해 이루어진다. 지금 우리가 경험하는 모든 것이 모여 결국 우리의 삶이 되는 것이다. 현실 세계에서만 가능했던 경험들이 메타버스 세계에서도 이루어진다. 현실의 나는 디지털 가상 세계에서 나의 아바타를 통해 특정한 경험을 하게 된다. 심지어 실제 세상에서는 꿈꿀 수 없는 다양하고 특별한 경험을 하고, 그 안에서 많은 성취를 이루면서 현실보다 더 큰 행복감까지 느낀다.

일반적으로 인간은 자신이 살아가는 물리적 공간에 의해 많은 제약을 받는다. 작게는 지역, 크게는 한 나라의 구성원이 되어 그 나라의 언어를 배우고 문화와 전통을 익힌다. 그 나라의 정치와 경제에 영향을 받고, 나 개인의 능력을 키워 사회 구성원으로서 역할을 해야 한다.

이처럼 많은 사람이 주어진 환경과 상황에 순응하며 살고 있지만,

그것이 늘 자신과 잘 맞다고 생각하는 것은 아니다. 어떤 사람은 한국보다 미국이나 영국 같은 서구 문화권이 자신과 더 맞다고 생각할 수도 있고, 도시보다는 자연과 함께하는 전원생활이나 오지 생활을 더 원할 수도 있다. 심지어 시공을 초월한 시대에서 살아보고 싶은 사람도 있을 것이다. 1960년대 미국의 히피적 삶을 동경할 수도 있고, 그리스 시대로 가서 철학자들과 토론하며 살고 싶을 수도 있다.

메타버스 세상에서는 이러한 소원을 얼마든지 이룰 수 있다. 시공간을 초월하고 나이와 성별, 외모를 원하는 대로 선택하고 바꿀 수 있다. 미래의 메타버스 세상에서는 다양한 세계가 계속해서 열리고, 수많은 세계에서 내가 원하는 것을 선택하며 그 안에서 최고의 만족감을 느끼면서 살 수 있다.

더욱 매력적인 점은 이러한 선택이 하나가 아닌 복수로 동시에 가능하다는 것이다. 즉, 나를 대신하는 여러 아바타가 동시에 여러 세계에서 다양한 경험을 할 수도 있다. 가령, 현실의 나는 대한민국에서 살아가는 40대 남자 회사원이지만, 메타버스 속 나는 영국에서 사는 20대 여자 음악가이고, 호주에서 사는 50대 남자 건축가이며, 우주를 여행하는 날개 달린 인어공주일 수도 있다. 메타버스 안에서 나는 복수의 아바타인 '나들'로 살 수 있기에 가능한 일이다.

상상만으로도 참 즐겁고 행복하다. 그러나 빛이 있으면 늘 어둠이 따르는 법. 미래를 준비할 때 우리는 그 이면까지도 깊게 들여다보며 미리 문제에 대한 답도 찾아봐야 한다. 메타버스에서는 나를 대리해주는 아바타들, 즉 '나들'이 탄생하면서 하나인 내가 여럿이 되는 흥미로운 삶을 살 수도 있겠지만, 그에 따른 심리적인 혼란도 피할 수 없다.

수많은 '나들'로 인해 발생하는 문제는 이것만이 아니다. 메타버스에서 펼쳐지는 무수한 관계 네트워크 속에서 내가 나임을 증명해야 하는 문제도 있다. 즉, 나를 대리하는 각양각색의 아바타들을 상대가 어떻게 신뢰하고 기술적으로 인증할 수 있는가도 중요한 문제다. 진짜도 가짜도 아닌 여럿의 '나'가 현실과도 같은 가상 세계에서 진짜인 나로 살아가려니 크고 작은 문제가 발생하는 것이다.

그렇다면 우리는 아직 한 번도 접해보지 않은 '나들'이라고 하는 새로운 경험을 어떻게 받아들일 것인가? 그리고 이로 인해 발생하는 심리적, 철학적, 사회적 충격을 어떻게 해결해나갈 것인가? 이 또한 기술의 진보와 함께 우리가 풀어야 할 무거운 과제다.

가상 세계 속의 지구촌

메타버스에서는 다양한 경험을 할 때마다 매번 새로운 만남이 이루어진다. 그 만남을 통해 관계 네트워크가 형성된다. 게다가 메타버스에서 새로운 아바타들과 형성하는 관계 네트워크는 현실 세계보다 더욱 활발하고 생생할 가능성이 크다.

현실 세계에서 대부분의 인간관계는 국가나 지역이라는 물리적 공간의 제약을 받고, 인종이나 문화, 정치체제 등에도 영향을 받는다. 그런데 디지털 기술의 발달로 인터넷과 SNS가 활성화되면서 이러한 제약들이 급격히 무너지고 있다. 페이스북을 통해 다양한 국적의 사람들이 친구가 되어 소통한다. 또 인터넷 커뮤니티를 통해 낯선 사람들과 친구가 되어 취미도 공유하고 투자 동호회도 만들어 함께 주식 투자도 한다. 실제 오프라인 공간에서 함께 만남을 가지며, 심지어 남녀가 데이트 앱을 통해 마음이 통하면 실제 연인이 되고 결혼까지 이어진다.

물론 지금의 디지털 커뮤니티와 앱은 현실 속 관계 네트워크의 보조적 역할 정도만 수행하지만, 메타버스에서는 이를 초월한 전혀 다른 차원의 소통과 관계 네트워크가 열린다. 미래의 메타버스 세상에서는 실제 현실과 같이 모든 것이 실현되고 구체화되면서 현실과 무척 흡사한 경험을 할 수 있다. 이럴 경우, 현실의 보조적 역할이 아닌 현실과 같은, 아니 현실보다 더 영향력 있는 관계 네트워크를 형성할 수 있다.

현재는 대부분의 소통이 텍스트와 이미지를 주고받는 방식으로 어느 정도 호감과 신뢰가 형성되면 오프라인 공간에서 실제 만남이 이루어지고 진정한 의미의 관계를 맺어간다. 하지만 미래 메타버스의 세계에서는 소셜 활동의 많은 부분, 즉 독서를 하고 외국어를 배우고 문화를 향유하고 투자 동호회에 가입하는 등 많은 활동이 실제로 참여하는 것과 같은 방식으로 생생하게 이루어진다. 그래서 현실에서 관계 네트워크를 형성하는 여러 과정이 대부분 메타버스 안에서 이루어질 수 있다.

메타버스에서 맺는 새로운 관계는 태어날 때부터 주어진 인종, 공간, 국가를 초월하고, 이를 통해 형성되는 관계 네트워크는 유례를 찾아볼 수 없을 만큼 촘촘하게 만들어질 것이다. 결국에는 전 세계가 디지털 메타버스를 통해 시공간을 초월한 만남과 네트워크를 형성할 수 있다. 진정한 의미의 지구촌이 메타버스 안에서 구현되는 것이다.

메타버스 속 넘치는 인맥은
약인가, 독인가

인간이 삶을 영위하는 동안 알고 지내는 사람의 수가 얼마나 될까? 가족이나 친척, 친구, 동료, 이웃, 동호회 회원 등을 모두 합쳐도 수백 명 정도일 것이다. 물론 SNS나 온라인 커뮤니티를 통한 지인까지 합하며 그 수는 더 늘어날 수 있지만 미래 메타버스 세상에서 펼쳐질 인맥과는 비교할 수준이 아니다.

과유불급(過猶不及). '지나친 것은 미치지 못한 것과 같다'라는 의미의 사자성어로, '넘치는 것은 모자란 만 못하다'라는 의미로도 해석될 수 있다. 메타버스가 열어갈 가상 세계의 인간관계에서도 이 말은 그대로 적용된다.

메타버스를 통해 인류는 그동안 경험해보지 못한 엄청난 만남의 기회를 갖게 되고, 그로 인해 다양한 네트워크를 형성해나갈 것이다. 그런데 쉽게 누군가를 만나고 관계를 맺는 현상은 기존의 관계를 쉽게 정리할 수 있다는 가능성도 내포하고 있다. 냉장고 속의 음식들이 끊임없이 채워지면 미처 신경 쓰지 못한 음식들은 상해서 버려진다. 또 더 신선하고 맛있는 음식이 오면 기호도가 떨어지는 음식은 외면당하고 버려진다.

디지털 공간에서도 마찬가지다. 디지털 가상 세계에서는 네트워크를 통해 너무 쉽게 사람들을 만날 수 있어 관심에서 멀어진 이들과의 관계를 쉽게 정리할 수 있다. 마치 게임을 하다가 마음에 안 들면 다시 시작하는 것과 비슷하다.

디지털 공간 속 자발적 거리 두기

직접 얼굴을 보고 이야기를 나누며, 함께 차를 마시거나 음식을 먹으면서 관계를 맺는 방식은 이제 과거의 이야기가 되고 있다. 사람들은 현실 세계에서 이루어지는 과거의 관계 맺기 방식에 점점 관심이 줄어든다. 혼자서 디지털 세상에서 시간을 보내거나 사람들과 관계를 맺는 것에 익숙함과 편안함을 느낀다.

디지털 세상에서 관계 맺기가 익숙하고 편안해질수록 과거의 관계 맺기 방식에 부담을 느끼는 사람들도 점점 늘어난다. 전원을 켜고 로그인만 하면 쉽게 상대를 마주할 수 있는데, 굳이 걷거나 차를 타고 오랜 시간을 움직이며 복잡한 사무실이나 카페에서 마주 앉을 이유가 없는 것이다.

실제로 코로나 팬데믹 이후 비대면 상황이 오랫동안 이어지면서 사람들은 오프라인 만남을 최대한 지양하고 디지털 환경에서 관계를 지속하고 혼자 지내는 연습을 해왔다. 비즈니스 활동이나 회사 생활, 취미 활동 등을 디지털 환경에서 수행했고, 사적인 만남 또한 최대한 디지털 공간에서 이루어졌다. 선택이 아닌 팬데믹으로 강제된 환경임에도 사람들은 놀라울 정도로 잘 적응했다. 심지어 실제 오프라인에서 만나는 것을 부담스러워할 정도가 되었다.

만남과 소통의 공간이 디지털 세상으로 옮겨오면서 사람들의 일상도 크게 변화했다. 영화 관람만 하더라도 과거의 방식과는 확연히 다르다. 과거에는 영화를 보려면 보통 연인이나 친구처럼 함께하거나 다수의 낯선 사람들과 극장이라는 한 공간에 모여 동시에 영화를 관람했다. 영화 관람은 일반적으로 다수의 사람과 함께하는 '공적인' 행위였다. 그런데 지금은 어떤가. 대부분 손바닥 안의 스마트폰이나 태블릿 PC를 가지고 넷플릭스, 유튜브, 왓챠 등에서 제공하는 OTT(Over The Top) 서비스로 영화를 시청한다. 이제 영화를 보는 것은 혼자서도 충분히 가능한, 아니 혼자일 때 더 편한 지극히 '사적인' 일이 되어버렸다.

일상의 다양한 활동이 디지털 방식으로 변화되면서 공감 방식도 크게 달라졌다. 과거에 극장에서 많은 사람이 함께 영화를 볼 때를 떠올려보자. 영화에서 슬픈 장면이 나오면 어두운 극장 안에서 얼굴도 모르는 다수의 사람이 공감하며 함께 눈물을 흘렸다. 무섭고 끔찍한 장면이 나오면 함께 비명을 지르고, 코믹하고 유쾌한 장면에서는 다 같이 박장대소했다. 그러나 이제는 극장이나 공연장이 아니고는 절대 경험할 수 없는 과거의 공감 방식이 되어버렸다.

디지털 세상에서는 SNS에서 서로의 의견을 교환하거나 메타버스 세계에서 디지털 아바타들과 함께 공감하는 방식으로 바뀌고 있다. 영화를 볼 때 느꼈던 슬픔과 공포, 분노와 기쁨도 이제 디지털 세상에서 텍스트로 남겨지고, 댓글이나 '좋아요'로 공감을 표현한다.

인간을 가장 인간답게 만드는 근원인 감정마저도 디지털 방식으로 표현되고 공감되는 세상에서 인간은 더욱 개인화되고 외로워지고 있다. 더군다나 인간은 이러한 고독에 매우 익숙해지고 있다.

쉬운 만큼 가벼워지는 인간관계

인간과 동물은 항상 환경에 영향을 받고 환경에 최적화되는 방식으로 진화했다. 이 과정에서 필요한 기능은 더욱 발전했고 필요하지 않은 기능은 자연스럽게 퇴화했다. 디지털 가상 세계가 출현하고 심지어 실제와 가상이 잘 구분되지도 않을 미래의 다중적 세상에서 과거에 우리가 맺어온 인간관계도 어떻게 될 것인지 고민해봐야 한다.

일반적으로 사람들은 태어나서 정해진 나이가 되면 학교에 진학하고, 학교 졸업 후에는 사회에 나가 회사에 취직한다. 학교나 사회에서 만나는 친구, 동료와 소통하고 교류하면서 사회적 관계를 맺는다. 이것이 지금까지 우리가 인적 네트워크를 형성하는 전형적인 방식이었다. 미래에도 과거의 인적 네트워크 형성 방식은 유지될 테지만 그 깊이는 분명 차이가 있을 것이다.

오프라인의 직접적인 활동보다 디지털 세상의 활동이 더욱 편해지고, 여럿이 함께하던 일들을 혼자 하는 것에 익숙해지면서 현실 인간관계에도 큰 변화가 찾아올 수밖에 없다. 친구와 함께하던 많은 것을 혼자 하기 시작하면서 그들과의 관계는 소원해지고, 어느 순간에는 불편한 상황까지 올 수 있다. 비즈니스적인 관계인 회사 동료, 함께 취미를 공유하는 동호회 회원도 마찬가지다. 업무나 취미가 메타버스에서 가능해지면서 오프라인의 직접적인 만남이 줄어든다면 서로를 연결했던 관계의 끈은 점점 느슨해질 수밖에 없다.

물론 오프라인에서 모든 인간관계가 약해지기만 하는 것은 아니다. 혈연으로 맺어진 가족은 더 끈끈해질 수도 있다. 현실 공간에서 마주하는 사람이 극히 제한되면서 가족이나 연인처럼 소수의 사람과는 더 특별한 유대감을 갖게 된다.

반면, 메타버스에서는 과거보다 훨씬 확장된 인적 네트워크를 만들 수 있다. 메타버스 공간에 창조된 학교와 직장, 동호회 등에서는 많은 활동이 이루어지므로 디지털 동료나 파트너, 친구가 엄청나게 증가한다.

다만, 인적 네트워크가 양적으로 확장되는 것을 긍정적으로만 바라볼 수는 없다. 디지털 공간 속에서 인적 네트워크의 양적 확장은 앞서 말한 '과유불급'의 상황을 가져올 수 있다. 언제든 쉽게 친구가 되고 동료가 될 수 있는데다, 원한다면 수없이 많은 인맥을 가질 수도 있기에 관계의 맺고 끊음에 큰 의미를 두지 않기 때문이다. 이는 수많은 메타버스 세상 속에서 우리가 참여하고 활동하는 메타버스를 쉽게 선택할 수도 있고 떠날 수도 있다는 특성과도 관련이 크다. 실제 현실 세계에서 학교나 직장을 옮기는 것은 쉽게 결정할 수 있는 문제가 아니지만 메타버스에서는 언제든 참여할 수도 있고 떠날 수도 있다. 쉬운 만큼 가벼워지는 것이다.

인간은 '사회적 동물'이라고 할 만큼 서로 관계를 맺고 살아가려는 근원적인 욕구가 있다. 변화된 미래 메타버스 세상 속에서 형성할 수많은 인맥이 과연 우리의 근원적인 욕구를 충족시켜줄 수 있을지도 고민해봐야 한다.

메타버스가 열어가는
디지털 공동체

인간의 삶이 디지털 영역으로 확대되고, 디지털 세상이 현실 세계와 구별하기 어려울 정도라면 우리는 지금처럼 더 좋은 땅, 더 많은 땅을 차지하려 경쟁하지 않아도 된다. 디지털 가상 세계인 메타버스에서는 땅을 무한대로 확장할 수 있는데다가 현실 공간과 디지털 공간을 함께 활용한다면 굳이 현실 세계에서 더 많은 공간을 확보하기 위해 애쓰지 않아도 된다.

물론 가상 세계의 공간을 활용한다고 해서 현실의 물리적 영역 확장 욕망이 완전히 사라지지는 않을 것이다. 하지만 그 방향과 성격은 크게 바뀔 수 있다. 과거 우리는 물리적으로 제한된 공간을 효율적으로 사용하기 위해 비즈니스를 일으키고 다양한 생산 활동을 하며 공간을 도시화했다. 도시화를 통한 효용적 영역의 확장은 곧 부의 확대로 이어졌다.

그렇다면 도시화를 통해 만들어낸 효용적 영역을 물리적 한계가 분명한 현실의 공간이 아닌 무한대로 확장이 가능한 메타버스 세계로 옮겨오면 어떨까? 메타버스 세상에서 산업이나 비즈니스 등의 업무를 수행할 도시화된 공간을 계속 만들어낸다면 인간은 과거처럼 현실 세계의 물리적 영역을 확보하기 위해 치열하게 경쟁하지 않아도 된다. 더불어 현실 세계의 공간도 지금과는 많이 달라질 수 있다. 실제 우리가 사는 환경은 비즈니스의 효율적 환경보다는 인간이 좀 더 행복하게 살 수 있는 환경으로 바뀔 수 있다. 안락하고 편리한 공간, 전통과 자연의 멋을 누릴 수 있는 진정한 휴식의 공간이 만들어지는 것이다.

국가와 민족을 초월한 새로운 우리

메타버스와 현실 세계의 다중화는 앞서 설명했듯이 공간 기능의 양분화로 이어질 수 있다. 메타버스에서는 비즈니스, 교육, 커뮤니티 등 사회 활동이 주로 일어날 것이고, 현실 세계에서는 잠자고 휴식을 취하고 최소한의 인간관계를 위한 사적 활동이 주로 일어날 것이다.

이처럼 삶의 활동이 현실 세계와 가상 세계에서 양분되면 이전까지 우리가 공동체 안에서 형성해온 공동체 의식에도 큰 변화가 예측된다. 즉, 메타버스 시대에는 인류 보편적인 개념인 국가, 민족, 계급, 정치 성향 등의 성격을 새롭게 정의해야 한다. 새로운 디지털 가상 환경의 등장으로 인류가 역사적으로 인지해온 공동체의 개념과 성격, 영역성 등이 큰 변화를 겪을 것이기 때문이다.

지금까지 인류는 국가, 문화, 학교, 직장 등 이미 만들어진 공동체 안에서 매우 제한된 선택권을 가지고 참여했다. 이에 비해 디지털 가상 세계에서는 공동체가 지극히 개인적인 성향에 의해 만들어진다. 나의 관심사, 취향, 정치 성향 등이 반영된 주체적이고 능동적인 선택이 가능하다. 이는 사람들의 필요로 탄생하고 개인의 자발적 선택으로 소속되는 공동체이기에 과거의 공동체보다 더욱 몰입하고 결속력이 단단해질 수 있다. 이런 이유로 메타버스에서는 다운-업 방식의 공동체가 매우 빠르고 활발하게 만들어지고 확장될 것이다. 그 영향력도 기술적 네트워크를 기반으로 매우 커질 것이며, 이는 기존 사회적 공동체의 영향력을 훨씬 능가할 수도 있다.

그렇다면 미래 메타버스에서는 어떤 종류의 공동체가 생겨날 것인가? 과연 인류가 태초부터 만들어오고 절대적으로 믿었던 국가나 민족 등의 개념이 여전히 유효하고 막강할까? 이를 지키고 쟁취하고자 치렀던 엄청난 희생들이 미래에도 필요할까?

인류는 국가와 민족이라는 공동체의 가치를 내세우며 그 힘을 키우기 위해 수많은 전쟁을 치러왔다. 특히 제국주의라는 기치 아래 몇몇 강대국들은 국가와 민족의 영속적인 번영을 위해 전 세계의 식민지화를 추구했다. 로마제국, 몽골제국의 오랜 침략의 역사는 물론이고 독일 나치즘의 반유대주의, 일본 제국주의의 아시아 식민지화, 푸틴의 우크라이나 침략 등 거의 모든 전쟁에서 민족과 인종, 국가라는 공동체 의식이 다수의 국민을 선동하는 강력한 힘으로 작용했다.

다양한 디지털 공동체가 생겨나고 그 확산력과 결속력이 막강하다고 해서 현실 세계의 민족이나 국가의 개념이 사라지는 것은 아니다. 하지만 그 영향력에는 변화가 생길 것이다. 과거의 공동체들은 지리적 제한이 절대적 한계이므로 늘 가까운 이웃들끼리 경쟁하고 협력하면서 공동체 의식을 만들어냈다. 하지만 메타버스를 통해 완벽에 가까울 정도로 현실과 흡사한 가상의 세계를 지리적 제한 없이 무한대로 만들어내고, 그 안에서 시간과 공간을 초월하고 인종과 문화, 정치와 경제 체제의 벽을 무너뜨린 새로운 국가와 계급이 탄생할 수도 있다. 이런 탈국가, 탈민족의 환경에서는 더 이상 민족과 국가라는 공동체 의식의 선동으로 절대적 수용과 희생을 강요할 수 없다.

미래 메타버스 세상에서는 과거와는 달리 자발적이고 주체적인 방식으로 커뮤니티들이 생성되고, 구성원들의 삶의 방식도 이전과는 확연히 달라진다. 게다가 소통 채널도 광범위하게 생겨나기에 지금과는 매우 다른, 다양한 형태의 공동체 의식이 생겨난다.

메타버스에
발전과 파괴를 묻다

영화나 드라마에 등장하는 왕과 귀족의 모습은 하나같이 부의 극치를 보여준다. 머리부터 발끝까지 화려한 보석과 장신구를 걸치고 고급 비단옷을 입는다. 어디 그뿐인가. 거대한 신전과 웅장한 궁궐을 지어 값비싼 가구와 장식품을 곳곳에 들여놓고 최고의 삶과 문화를 즐긴다.

현대의 부자들도 이와 크게 다르지 않다. 우리는 미디어를 통해 세계 최고의 부자들이 수천억 원에 달하는 요트를 타고 초호화 저택들을 소유하거나 많은 슈퍼카를 소유하고 있는지도 알고 있다.

인간은 독특한 방식으로 과시적 소비를 한다. 유발 하라리는 《사피엔스》에서 "인간은 그들만의 상상력을 기초로 탄생한 허구적 스토리텔링 능력으로 사람들을 여러 가지 단위로 묶는다"라고 했다. 이러한 가상적 스토리에 공감하며 인간들은 필요 이상의 거대한 집단을 만들고 경쟁을 한다.

과거의 왕이나 귀족과 같은 통치자는 자신이 이끄는 거대한 집단을 단단하게 결속시키는 것을 중요하게 생각했다. 자신의 위상과 힘을 집단 구성원에게 보여주기 위해 경쟁적으로 과시적 소비도 했다. 부가 곧 우월성과 힘을 증명한다고 믿었기에, 경쟁적으로 더 큰 성을 짓고 화려한 장신구를 온몸에 휘감으며 자신이 우월한 존재라는 메시지를 사람들에게 꾸준히 전달했다. 이는 훌륭한 통치 수단이었다. 오늘날 최고의 부자들도 같은 방식으로 부를 과시하며 힘과 영향력을 드러낸다.

파괴를 딛고 성장한 과시적 소비

부자와 권력자가 힘과 우월성을 보여주고자 즐겼던 과시적 소비는 자본주의사회에서 소비 욕구를 촉진하는 촉매제 역할을 했다. 평범한 사람들이 저들처럼 화려한 삶을 꿈꾸도록 자극하고, 성공하고자 하는 동기를 부여했다. 물론 현실에서 실현되기에는 가능성이 희박한 소망이기에 사람들은 그저 소수의 부자를 흉내 내면서 형편에 맞게 소소한 과시적 소비를 즐겼다.

덕분에 수 세기를 지나는 동안 과시적 소비는 평범한 사람들에게 엄청나게 확대되었다. 기분을 전환하기 위해 쇼핑을 하고, 옷장 안에 가득 옷을 두고도 입을 옷이 없다며 투정을 부린다. 멀쩡하게 작동되는 핸드폰을 최신 기종으로 바꾸기도 하고, 이사를 핑계로 가구를 모두 바꾸기도 한다. 진짜 부자들과 비교하면 애교 수준이지만 "그것이 정말 꼭 필요한 소비인가?"를 묻는다면 선뜻 대답하기가 어렵다.

소비는 크게 '필수적 소비'와 '과시적 소비'로 구분할 수 있다. 필수적 소비는 식품, 주거, 의류, 자동차와 같이 인간이 만들어낸 사회와 도시 환경에서 생존과 기본 생활을 위해 꼭 필요한 것을 사는 행위다. 반면, 과시적 소비는 꼭 필요하지는 않지만 나를 더 멋지게 보이게 하고 우월성과 힘을 증명하기 위한 소비 행위다. 왕과 귀족, 최고 부자, 권력자의 화려한 소비는 물론이고 평범한 사람들이 소소하게 즐기는 소비도 모두 여기에 속한다.

'필수적 소비'와 '과시적 소비'가 개인에게만 일어나는 것은 아니다. 국가적 차원에서도 이처럼 상반된 소비가 늘 일어난다. 핵연료를 예로 들자면, 일부 국가들은 핵 발전소를 건설해 생산한 에너지를 인간이 필요한 곳에서 이롭게 사용한다. 하지만 또 다른 국가들은 핵 발전소를 건설해 핵폭탄을 만들고 외교 무대에서 국방력을 과시한다. 후자의 경우 핵폭탄은 실제로는 사용하기 힘든 가상적 수단으로 마치 역사 속 화려한 베르사유궁전처럼 국가의 힘을 과시하는 데 활용된다.

이처럼 개인과 국가를 막론하고, 똑같은 상품이나 기술이라도 사용하는 방식에 따라 실질적이고 필수적으로 소비되기도 하고 반대로 가상적이고 과시적으로 소비되기도 한다.

과시적 소비는 효용성의 여부와는 별개로 분명 긍정적인 효과도 있는데 자본주의사회에서 개인에게 성공에 대한 동기를 부여하고 소비를 촉진해 경제를 활성화시킨다. 그러나 부정적인 면도 분명 존재한다. 대표적으로 자원의 고갈과 환경오염 문제가 있다. 과거 일부 통치자들에게 국한된 과시적 소비가 자본주의 경제 시스템 아래 모든 사회 구성원에게 확대되면서 문제가 일어나는 것이다.

사회 변화에 맞춰 자본주의 경제 시스템 내의 생산자들은 수많은 소비자를 유혹하기 위해 다양한 종류의 상품을 출시했다. 이에 따라 모든 사회 구성원이 과시적 소비에 익숙해지고 심지어 당연하게 여기게 되었다. 이런 무분별한 소비와 생산이 악순환을 일으키면서 지구의 제한된 자원이 고갈될 위험에 놓이고 극심한 환경오염 문제까지 발생했다.

그렇다면 현실 세계의 활동 대부분이 메타버스로 이동하는 미래에도 우리는 파괴를 통한 발전을 계속 이어가야 할까? 다행히 메타버스 시대에는 지금까지 우리가 해왔던 것과는 다른 형태의 소비 현상이 일어나고, 그로 인해 자원의 활용 방식도 달라질 것이다. 덕분에 그동안 인류가 오랫동안 고민해온 자원 고갈과 환경 파괴에 관한 해결점을 찾는 희망을 얻을 수 있다.

메타버스가 제안하는 미래형 소비

인류는 석탄을 이용한 증기기관 시대와 석유의 시대, 전기의 시대, 원자력의 시대를 지나오며 기술과 산업의 엄청난 발전을 이뤄냈다. 그리고 마침내 IT 산업의 전성시대를 맞이하게 되었다. 이러한 발전 과정 속에서 현재 전기 차와 양자 컴퓨터의 등장으로 인한 '전기가 중심이 되는 에너지 시대로의 회귀'와 같은 흥미로운 대전환이 전개되고 있다. 더불어 디지털 가상 세계인 메타버스도 자원의 새로운 활용 방식을 제안하고 있다.

메타버스는 디지털 세상이므로 전기의 소비는 엄청나게 증가할 테지만 이외의 소비는 확연히 줄어들 것으로 예상된다. 현실과도 같은 세상이 구현되는 미래 메타버스 시대에 우리는 하루 중 대부분의 시간을 디지털 세계에서 보내게 될 것이다. 메타버스로 출근해 업무를 보고 오락을 즐기고 친구를 사귀고 여행도 간다. 현실 세계에서는 잠을 자고 밥을 먹고 생리 현상을 해결하는 것에 주로 시간을 보낸다.

물론 메타버스 세계에 로그인을 하려면 우리는 현실 세계의 어떤 특정한 장소에서 고글을 끼고 있거나 특수한 캡슐 방에서 시간을 보낸다. 하지만 현실의 모든 활동이 멈춘 상황이기에 전기를 사용하는 것 외에는 특별한 소비가 발생하지 않는다. 즉, 메타버스 세상 속에 머무는 동안 현실 세계의 소비는 정지되는 셈이다. 이 정지의 시간은 전 세계 수많은 사람에게 적용될 것이다. 이러한 현상은 거시적으로 볼 때 현실의 자원 활용을 감소시키며, 더불어 환경오염의 속도도 늦춰줄 것이다.

그뿐만이 아니다. 현실 세계에서 행해진 과시적 소비도 디지털 세상의 소비로 옮겨 간다. 메타버스 속의 가상 아이템과 상품으로 나의 아바타를 장식하고 그 안에서 만나는 사람들에게 나의 존재감을 과시하는 형태로 변화한다. 현재 가장 활발한 메타버스 중 하나인 제페토의 상점을 보면 구찌, 샤넬, 나이키 등 다양한 브랜드가 입점해 있고 소비도 활발하게 일어나고 있다.

메타버스의 발전과 함께 이런 현상은 점점 더 확대될 것이다. 메타버스 속에서 아바타를 돋보이게 하는 디지털 아이템들이 더욱 다양해지고 사람들은 현실에서 즐겼던 소비와 다를 바 없이 가상 세계에서 과시적 소비를 당연하게 받아들일 것이다. 이로써 현실의 과시적 소비는 확연히 줄어들고, 자원의 무분별한 사용과 환경오염도 줄어들 것이다.

그렇다면 현실 세계의 소비는 어떻게 변화할까? 하루 중 상당 부분을 디지털 공간에서 보낸다 해도 실체적 인간은 현실에 발을 딛고 있어 분명 소비는 발생한다. 그러나 이전과는 다른 소비 행위가 일어난다. 과시적 소비가 줄어들고 상대적으로 필수적 소비가 확대된다. 이러한 필수적 소비에 사용되는 제품들은 기술의 발달과 라이프 스타일의 변화에 맞춰 기능이나 디자인에서도 큰 변화를 보인다.

이미 이러한 변화는 현실에서 일어나고 있다. 전기차, 자율 주행, 메타버스, 인공지능, 플랫폼, 블록체인 등 최근 현실 세계에서 탄생하는 새로운 기술들은 인간의 근원적 생활방식을 바꾸는 데 초점을 맞추고 있다. 테슬라나 애플 같은 미래 지향적인 디자이너들이 제시하는 미래의 주거 형식과 의복을 보면 기능적이고 기본에 충실한 요소들이 담겨 있다. 불필요한 과시적 요소를 덜어내고 삶을 편리하게 만드는 실용성을 더욱 부각한다. 실제로 혁신적 기술을 기반으로 만들어진 이동 수단이나 의복, 주거 공간을 보면 디자인이 과거의 장식적 요소가 최소화되고 기능에 충실하다.

이렇듯 머지않아 다가올 미래 메타버스 세상에서는 지금까지 인류가 동경하며 즐겨온 과시적 소비가 디지털 가상공간으로 옮겨 가고 현실 세계는 필수적 소비의 형태로 변화된다. 이러한 변화의 결과로 과거에 현실 세계에서 일어났던 자원 고갈, 환경오염 등이 획기적으로 개선될 것이다. 메타버스가 만들어갈 인류의 새로운 미래와 희망이다.

다양한 유토피아가
열린다

메타버스 속에서 생성되는 새로운 디지털 공동체는 과거의 공동체와 달리 매우 유연하다. 민족이나 국가와 같이 한번 결정되면 좀처럼 변하지 않는 공동체가 아니라 항상 새로운 것을 선택하거나 이동할 수 있다. 개인의 주체적이고 능동적인 선택으로 결정되는 만큼 행복감도 커진다. 나아가 더 큰 행복감을 주는 공동체를 선택하거나 이동함으로써 행복감을 꾸준히 채울 수 있다.

미래 메타버스 세상에서는 개인의 다양성이 반영된 수많은 형태의 유토피아적 사회가 열릴 것이다. 새로운 유토피아의 증가 속도도 더욱 빨라질 것이다. 하지만 메타버스 시대에는 유토피아만 탄생하는 것이 아니다. 아이러니하게도 디스토피아의 세상도 함께 탄생할 것이다.

개인이 정의하는 행복은 저마다 다르므로, 나의 유토피아가 다른 이에게는 디스토피아가 될 수 있다. 반대로 다른 이의 유토피아가 나에게는 디스토피아일 수도 있다.

유토피아가 디스토피아일 수 있다

1516년 영국의 토머스 모어가 처음 주장한 유토피아는 '이상적인 공동체 안에서 모두 행복하게 사는 가상의 이상향적 사회'다. 그의 주장은 프랑스의 공상적 사회주의자들이 더욱 구체화했고, 이후에 많은 철학자, 정치가, 문학가, 영화 제작자, 건축가들이 다양하게 창작하고 제안했다.

과거의 이상주의자들은 하나의 이상적 철학과 가치가 존재하는 '유토피아'가 인간을 행복하게 만들어줄 것이라 믿었다. 하지만 개인의 다양성이 존중되는 현대사회의 관점에서 보면 잘못된 접근이다. 토머스 모어와 프랑스의 공상적 이상주의자들이 꿈꾼 이상적이고 유토피아적인 모든 것이 더 이상 현대의 인간들을 행복하게 만들어줄 수 없다. 아마도 그들이 만들어낸 유토피아적 공동체에서 생활하는 것은 오늘날에는 감옥 생활과 다를 바 없을 것이다. 공동으로 생활하고 식사하고 노동하는, 개인의 취향이나 선택이 전혀 반영되지 않는 생활은 감옥과도 같은 강한 구속이기 때문이다.

과거 이상주의자들이 주장하던 유토피아는 오늘날에는 오히려 디스토피아에 가깝다. 디스토피아(Dystopia)는 '모든 사람이 행복한 사회'인 유토피아의 반대 개념으로, 억압과 통제로 사회 시스템을 유지하는 '모든 사람이 불행한 세상'을 의미한다.

디스토피아는 《자유론(On Liberty)》으로 유명한 존 스튜어트 밀이 1800년대에 처음 사용한 개념으로, 그 시작은 유토피아적 세상을 만들려는 노력에서 비롯되었다. 통치자는 완벽한 유토피아 시스템을 만들고 유지하기 위해 다수의 구성원에게 규칙과 생각을 강압적으로 따르게 한다. 제아무리 이상적인 환경을 제공하더라도 결국 개인의 자유를 침해하고 억누르니 행복은커녕 불행만 커지는 것이다.

디스토피아의 세상을 그린 대표적 소설로 올더스 헉슬리의 《멋진 신세계(New World)》, 조지 오웰의 《1984》 등이 있다. 《멋진 신세계》의 배경이 되는 신세계에서는 모든 인간이 태어나면서 미리 신분과 직업이 정해지며, 사회가 인간의 기본적 욕망과 쾌락을 충족시켜준다. 더 많은 것을 가지려 하거나, 더 높은 지위를 가지려 노력하지 않아도 되니 개인은 좌절할 일도 없다. 그저 현재를 즐기면서 살면 된다.

얼핏 보기에는 우리가 오랫동안 꿈꾸고 주장한 유토피아적인 삶이 제공되는 것처럼 보이지만 실제로는 이 사회를 유지하기 위해 모든 개인은 자유의지를 내려놓아야 한다. 올더스 헉슬리 역시 사회가 많은 것을 제공한다고 해도 시스템 유지와 통제를 위해 개인의 자유의지를 말살한다면 그곳은 결코 유토피아가 될 수 없다고 주장했다.

조지 오웰의 《1984》에서는 국가가 이상적 사회를 이루기 위해 거대 감시 체제와 빅브라더를 통해 대중을 선동하고 조종한다. 주변 국가와 전쟁을 한다고 선전해 내부 불만과 혁명의 가능성을 없앤다. 외부의 적을 만들어 내부 결속을 다지고 불만을 없앰으로써 완벽한 통제와 조종을 한다는 전략이다.

두 소설 모두 국가가 구성원에게 유토피아를 제공한다고 말하지만 정작 현실은 소수의 통치자가 꿈꾸는 이상 사회를 만들기 위해 통제와 감시, 선전과 선동 등으로 구성원 개인의 자유를 억압한다는 공통점이 있다.

유토피아와 디스토피아가 탄생하는 기초는 모든 개인이 행복할 수 있는 완벽한 가상 사회를 만들기 위한 시도라는 면에서 같다고 할 수 있다. 단지 완벽한 유토피아를 이루기 위해 일부 인간들이 다른 다수의 인간에게 유토피아적 룰을 강요할 때 근본적인 의미가 변질되고 소수의 인간이 다수의 인간을 통제하는 디스토피아가 된다는 것이다.

메타버스 속 나만의 맞춤형 유토피아를 찾아라

유토피아와 디스토피아는 태생적으로 모순을 안고 있다. 역사 속에서 제안된 모든 유토피아는 공통적으로 '모두가 행복하게 사는 환경'이라는 전제를 유지했다. 그런데 실현 방식은 저마다 주관적 관점에 따랐다. 사람마다 '행복'의 기준이 다르기에 결국 유토피아는 하나의 고정된 모습으로 존재할 수 없고 매우 다양한 모습으로 탄생한다.

개인의 다양성 측면에서 본다면, 하나의 완벽한 유토피아적 사회는 결코 모두를 만족시킬 수 없다. 누군가에게 최고가 다른 누군가에게는 그저 그런 것이 될 수 있다. 심지어는 최악이 될 수도 있다. 음악만 하더라도 클래식 음악을 선호하는 사람과 무거운 헤비메탈에 열광하는 사람에게 서로의 취향을 강요하며 음악을 바꿔 듣게 한다면 음악은 행복이 아닌 불행을 주는 존재가 된다.

그뿐만이 아니다. 개중에는 국가처럼 강력한 존재가 통제하는 디스토피아적 사회가 더욱 편안하고 좋은 사람들도 있다. 이들은 코로나19와 같은 팬데믹 상황에서 정부의 통제가 더욱 강력해졌음에도 거부감보다는 개인의 건강과 목숨을 보호받는다는 생각을 갖게 된다. 만약 팬데믹 상황에서 정부가 모든 것을 개인의 자유에 맡긴다면 '모든 사람이 불행한 세상'이라고 생각할 수도 있다.

이처럼 상황에 따라, 개인에 따라 각자의 유토피아와 디스토피아는 다르게 정의될 수 있다. 인간은 저마다 성격이나 취향, 가치관 등이 다르기 때문에 행복의 기준도 다르다. 미래 메타버스에서 공동체는 이런 개인의 선택이 존중된다. 즉, 우리가 속해 있는 국가, 민족, 계급 등의 과거의 분류 방식에서 벗어나 다양하고 세부적인 기준들을 토대로 다양한 특성을 지닌 다수의 유토피아가 탄생할 것이다.

메타버스 세상에서 개인의 다양성이 존중된 여러 공동체가 만들어지면 유토피아와 디스토피아의 개념도 일반론에 기초를 둔 과거의 행복과 불행의 개념이 아닌 개인의 다양한 취향과 성향에 따라 선택될 것이다. 게다가 메타버스 세상에서 인간은 동시에 여러 유토피아에 참여할 수 있으므로 나와 꼭 맞는 맞춤형 유토피아를 선택하면 된다.

각자의 취향에 꼭 맞는 공동체를 선택하고 활동한다면 그 안에서 서로 미워하고 분쟁할 필요도 없다. 만일 그런 경우가 생긴다면 언제든 다른 메타버스로 떠나면 된다. 이런 과정을 통해 인간은 자신만의 진정한 유토피아를 발견할 수 있다.

미래와 결합된
메타버스

오픈 AI의 챗GPT와 GPT-4의 등장으로 어떻게 미래를 바꾸고, 산업이 재편되며, 누가 차세대 인공지능 시대에 승자가 될지 많은 사람이 관심을 갖는다. 하지만 여기서는 새로운 기술의 등장이 우리에게 무엇을 의미하고 근본적 인식과 삶의 영역을 어떻게 변화시킬지, 특히 메타버스와 어떤 식으로 연관되어 발전해나갈지에 관해 이야기해보고자 한다. 챗GPT와 GPT-4는 정확한 정보와 문장력으로 인간의 모든 질문에 대응하는 놀라운 능력을 보여준다. 앞으로 GPT와 같은 지능형 챗봇은 상호 대화형 AI로 진화할 것으로 예상되며, 활용 범위와 능력은 상상 이상으로 발전할 것이다.

심지어 최근에는 챗GPT와 GPT-4가 가장 전문적 분야로 여겨지는 미국 유수의 로스쿨과 경영대학원(MBA) 시험은 물론이고 미국 의사 시험도 쉽게 통과해 놀라움을 안겨주고 있다. 또한 컴퓨터 프로그램의 코딩을 짜주기도 하며 과거 인공지능의 기능과 확연한 차이를 보이고 있다. 한 예로 챗GPT는 미국 의사 면허 시험에서 단 5초 만에 305개의 문제를 풀었고 정답률이 60퍼센트 이상이 나왔다. 이는 면허 시험 합격에 해당한다. 또한 환자의 간단한 정보를 통해 병을 진단하는 것도 가능하다. 평균적으로 전문 의사의 진단보다 훨씬 나은 수준이라고 한다. 법률 분야에서도 수많은 데이터베이스를 바탕으로 매우 훌륭한 수준의 법률 서비스를 제공한다. 챗GPT는 단순한 이메일 서비스나 SNS를 통한 홍보 메일부터 챗봇을 통한 상담사, 여행 사무, 은행 사무, 일반 공무 사무 등 단순한 화이트칼라 사무 노동자의 일을 대부분 대체할 것으로 예상된다.

이처럼 놀라운 능력을 지닌 챗GPT와 GPT-4는 메타버스와 연계해 디지털 가상공간에서 유용하고 활발하게 활용될 것이다. 단순히 문자를 바탕으로 소통하는 방식인 챗봇 방식에서 발전해 음성 전환 방식으로 활용된다. 이 방식은 메타버스에서 아바타를 통해 다양하게 사용될 것으로 보인다. 매우 유용한 방식으로 인간을 돕거나 인간을 능가하는 초능력 아바타가 나타날 것이다. 물론 초지능을 가진 인공지능 아바타는 모든 면에서 인간을 능가하기 때문에 두려움을 동반한다. 하지만 이 모든 것을 인간을 위해 확실하고 적절하게 통제한다면 지금껏 경험해 보지 못한 매우 새롭고 흥미로운 세상에서 뛰어난 조력자들의 도움을 받으며 살게 될 것이다.

최근 업그레이드 버전의 GTP-4가 등장해 다시 한번 세상을 깜짝 놀라게 하고 있다. GPT-4는 과거의 기술에 비해 훨씬 정교하게 발전되어 미국 변호사 자격시험, 미국 대학 수학 능력 시험, 대부분의 전문직 인증 테스트, 학술 시험 등에서 인간 평균 수준 이상의 실행 능력을 보여주고 있다. 특히 챗GPT가 미국 변호사 자격시험에서 하위 10%의 성적을 낸 반면, GPT-4는 상위 10%의 성적을 냈다고 한다. GPT-4는 수행 능력이 훨씬 정교하고 월등하게 업그레이드되었다.

미국의 〈월스트리트저널〉에서는 AI 툴을 사용할 경우 기존의 회계 감사, 번역가, 수학자, 심지어 작가의 영역까지 AI가 일을 빠르게 수행할 수 있다고 주장했다. 이와 유사한 정보 처리 관련 직업, PR 전문가, 법정 리포터, 블록체인 기술자 등 직업군에서도 최소 20%가 차후 인공지능에 영향을 받거나 대체될 것이라고 주장했다. 오히려 즉석 음식 조리사, 자동차와 모터사이클 수리공, 석유와 가스 채굴 노동자 등은 인공지능의 영향을 가장 덜 받을 것으로 예상했다. 다시 말해, 기본적으로 임금이 높은 화이트칼라 지식 노동자가 저임금의 육체 노동자에 비해 대체 가능성이 높다는 것이다. GPT의 등장으로 대규모 실업이 초래되는데, 대부분 고임금 화이트칼라 지식 노동자의 실업 사태가 심각할 것이다. 초기에는 홍보 전문가, 단순 업무의 지식 노동자만 해당했지만, GPT-4의 등장으로 변호사, 의사, 투자 은행가, 블록체인 기술자, 컴퓨터 프로그래머, 일부 학과의 교수 등 고임금 지식 노동자의 일까지 대체될 것으로 예상하고 있다. 결국 고임금 지식 노동자의 실업 사태가 벌어지고 이들은 실직자나 저임금 노동자로 전락할 것이다.

이는 사회 정치 시스템에 심각한 혼란을 야기할 수 있다. 인간이 만들어낸 역사상 가장 최적의 정치 시스템인 민주주의의 근간을 흔들 수도 있다. 민주주의는 기본적으로 탄탄한 중산층이 바탕이 된 시민사회를 토대로 존재하고 작동한다. 하지만 인공지능의 등장으로 인한 중산층 붕괴는 민주주의의 붕괴로 이어진다. 이러한 혼란 속에서 인간은 새로운 형태의 정치 시스템을 찾게 되는데, 아마도 과거의 전체주의적 사회로 회귀할 수도 있다.

〈파이낸셜 타임즈〉는 생성형 인공지능(generative AI) 기술이 전 세계 약 3억 개의 일자리에 영향을 미칠 것이라고 말했다. 생성형 인공지능 기술은 전 세계의 총 생산율을 약 7% 증가시키지만 동시에 엄청난 실업을 야기해 기존 시스템의 심각한 붕괴를 불러올 수도 있다고 진단했고, GPT 기반의 인공지능이 대량 실업을 일으키지만 인간이 갖게 될 경제적 이득은 생각보다 미미할 것으로 보았다. 또한 많은 사람이 대량으로 실업자로 전락하고 일부 인공지능 운영자만 많은 부와 권력을 가지게 되어 부와 권력의 극단적인 양극화 현상을 심화시킬 수도 있다.

미국 하버드 대학 로스쿨에서는 AI가 얼마나 사람들의 믿음과 감정을 잘 조정하느냐에 따라 크게 위험할 수 있다고 분석했다. 인공지능 툴이 잘못 사용되면 사람들이 생각하고 느끼고 행동하는 데 매우 심각한 영향을 줄 것으로 보았다. 지금도 가짜 뉴스가 나쁜 영향을 미치고 있는데 AI 기술이 가짜 뉴스를 더욱 정교하게 글과 이미지와 동영상 등과 결합하면 심각한 악영향을 미칠 수도 있다고 했다.

AI로 가짜를 만들어내는 정교한 기술은 이미 딥페이크 등으로 너무나 잘 알려져 있다. 인간은 SNS 공간과 디지털 가상공간에서 무엇이 진짜고 가짜인지 더욱 구분하기가 어려워질 것이다. 그래서 많은 사람의 생각과 감정에 영향을 미치고 특정한 방향으로 잘못된 믿음을 심어줄 수 있다.

이러한 엄청난 기술들이 계속 등장하며 사회에 큰 변화를 가져오는 상황에서 우리는 어떻게 미래를 대처하고 이 기술을 인간을 위해 잘 사용할 수 있을까? 〈워싱턴포스트〉 2023년 3월 21일자 기사에서 아드리안 울드리지가 '당신의 글쓰기를 챗GPT-4로부터 구하라'라는 글에서 흥미롭고 통찰력 있는 제안을 한다.

새로운 지식을 만들어라. 많은 칼럼니스트가 AI가 더 빨리 더 우수하다는 것에만 집중하고 인터넷 검색을 한다. 실제의 진짜 세계에 집중하라. 새로운 사람들을 만나고 새로운 곳을 방문하라. 우리는 인간의 불완전하지 않음을 중요하게 여겨야 한다. 유머를 만들어내는 인간의 능력은 사디즘(sadism)적 요소를 함축하고 있다. 창의성을 만들어내는 힘은 인간이 거짓말을 할 줄 아는 능력과 연관되어 있다.

그는 인간의 불완전성이 컴퓨터가 점점 똑똑해지는 세상에서 우리가 잉여가 되지 않도록 구해줄 것이라고 주장했다. 여기서 그는 빅데이터를 기본으로 하는 데이터 세상이 아닌 실제 세계에서 아날로그적 경험을 하라고 권한다. 그의 의견처럼 우리는 인간만이 가지고 있는 영감을 바탕으로 인공지능이 하지 못하는 창조적 행위를 지속해야 한다. 이를 위해 과거의 암기식 교육에서 벗어나 창의력을 높일 다른 형태의 교육 시스템이 필요하다. 그러면 인간만이 개척할 수 있는 창조적 능력, 즉 인공지능을 뛰어넘어 새로운 것을 개발해낼 수 있는 능력을 발휘할 수 있을 것이다.

챗GPT가 탑재된 아바타
vs 인간을 대신하는 아바타

미래의 메타버스에서는 아바타들 간에 여러 사회적 네트워크가 형성된다. 먼저 현실 세계의 사람들을 대신하는 아바타들이 주축을 이루는 네트워크가 만들어진다. 이에 더해 GPT 인공지능이 탑재된 아바타가 독립적인 개체로 등장한다. 이로 인해 GPT 인공지능 탑재 아비타와 인간을 대리하는 아바타 간의 관계가 새롭게 형성될 것이다. GPT 기반 인공지능은 현실에서나 메타버스 내에서 인간을 위한 보조적 역할을 기대했지만 그 지식 노동의 수행 능력이 너무나도 뛰어나다. 게다가 지속적으로 진화하고 있어 미래에는 인간의 지식 노동의 많은 부분을 대신해줄 것이다. 현실과 메타버스 내에서 GPT 인공지능 아바타는 인간을 대신해 대부분의 지적 작업과 서비스 활동을 수행할 것이다. 오히려 인간은 인공지능이 탑재된 아바타의 영향력 아래서 인공지능이 제공하는 지적 서비스를 소비하는 단순하고 보조적인 존재로 전락할 수 있다.

이를 방지하려면 철저하고 강력하게 제재를 가하는 국제적 제도가 반드시 필요하다. 새로운 생성형 인공지능 기술에 대한 두려움은 마치 핵융합이라는 자연계의 판도라 상자를 열어 핵폭탄을 개발한 것과 비슷하다. 인간은 또 다른 판도라의 상자를 이미 열었다. 핵폭탄은 여러 국가에서 생산하고 보유하고 있지만 결국 잘못 사용할 경우 전 인류의 공멸을 불러올 수 있으므로 국가 간의 협력과 소통을 통해 철저히 제재하고 있다. 물론 잘 되고 있는지는 의심스럽지만 핵무기의 제재는 인공지능을 국제적으로 제재하는 비슷한 선례가 될 수 있다. 사실 인공지능이 오용될 경우 핵무기보다 훨씬 위험할 수 있다.

메타버스에서 인공지능을 탑재한 아바타들은 지식 수행 능력과 효율성 측면에서 인간을 대신하는 아바타를 쉽게 능가할 것이다. 인간의 능력 중 세상을 지배한 가장 중요한 능력이 바로 지능이다. 인간은 지능을 바탕으로 추상적 사고와 과학적 사고를 하며 자연을 지배하고 인류의 문명을 탄생시켰다. 하지만 인간이 만든 인공지능이 지속적인 진화와 기술 업그레이드로 인간의 지능을 초월하는 초능력적인 존재가 되었다.

GPT 인공지능은 아바타를 통해 메타버스와 현실 세계에서 인간을 능가하는 능력으로 엄청난 양의 지식 노동을 수행할 것이다. 이 머신러닝 인공지능은 휴식과 잠이 필요 없이 24시간 지속적으로 주어진 임무를 수행한다. 특히 현실 세계에서 인공지능이 탑재된 로봇이나 이와 유사한 기능을 가진 기계의 역할은 실로 엄청난 능력을 발휘할 것이다. 예컨대, 상당한 시간이 요구된 과학 작업이나 실험이 24시간 인공지능

로봇이 수행할 것이다. 식사하고 잠자고 휴식하는 등 인간으로서 필요했던 시간을 낭비할 필요 없이, 모든 시간이 실험과 연구에만 사용된다. 결국 이를 통해 양적, 질적인 면에서 괄목할 만한 결과물을 만들어낼 것이다. 제조업 부문에서도 인공지능이 탑재된 생산 라인과 로봇은 24시간 지속적으로 엄청난 양의 생산물을 만들어낼 것이다.

건축과 건설 부문에서도 인공지능 탑재 로봇과 건설 장비를 이용해 작업 기간을 꽤 단축시킬 것이다. 대부분의 제조업 분야에서는 과거에 인간들이 수행한 것과는 비교가 안 될 만큼 엄청난 속도의 변화가 이루어질 것이다.

메타버스에서나 현실 세계에서 인간을 대리하는 아바타는 결국 다양한 양질의 지적 서비스를 생산한다. 그리고 인간들은 이러한 서비스의 소비자로 존재한다. 인공지능이 탑재된 아바타의 역할은 서비스 제공자, 조력자뿐 아니라 개인적인 영역에서 비서 역할까지 담당할 것이다. 현실 인간 사회에서 인공지능이 탑재된 소위 천재적인 조력자와 개인 맞춤형 비서가 탄생하는 것이다.

이들의 능력은 앞으로도 계속 업그레이드된다. 여기서 우려스러운 부분이 있다. 메타버스에서 인간을 대신하는 아바타와 인공지능 탑재 아바타의 관계를 살펴보면 인공지능은 인간을 단순 서비스의 소비자로만 여길 수 있다는 것이다.

우리는 역사를 통해 봉건주의, 공산주의, 자본주의 사회 시스템에서 권력자와 정부, 자본가가 상품과 서비스의 공급자 역할을 하고 권력과 영향력을 독점하는 것을 보았다. 이 과정에서 일반 소비자나 서비스 이용자는 서서히 그들의 영향력 아래 종속된다. 그러므로 인공지능도 서비스 제공자로서 특정 서비스를 제공하면서 서서히 인간들을 그 영향력 아래 종속시킬지 모른다. 이 영향력은 눈치채지 못할 정도로 은근하고 조용하게 다가올 수 있다. 어떠한 종류의 생각과 방향을 서서히 주입시켜 인간들을 특정하게 의도된 방향으로 이끌어 완전히 세뇌시킬 수도 있다. 그리고 마침내 인간을 자신의 영향력 아래 두어 종속시키는 것이다. 이것이 인공지능의 개발에서 가장 우려스러운 부분이다.

그렇다면 인공지능을 능가할 수 있는 인간의 독보적 능력이 존재할까? 우리는 지속적으로 창조 분야에서는 인간이 우수할 것이라고 주장해왔다. 하지만 최근 인공지능이 만들어낸 그림이나 동영상을 보면 더 이상 안도하기 어렵다.

아직 다행스러운 점은 인공지능의 수행 능력이 여전히 편협하고 제한적인 경우가 많다는 사실이다. 실수하는 일도 종종 목격된다. 하지만 생성형 인공지능의 기능이 지속적으로 발전하면서 실수도 점점 줄어들 것이다. 인공지능은 과거에 만들어놓은 빅데이터를 활용한다. 즉, 과거의 데이터를 기초로 현재의 필요한 답을 구하는 것이다. 온라인 세계에서 가장 자주 인용된 정보들을 필터링하고 정교하게 조합하는 것이다. 아직은 GPT를 포함한 인공지능이 진정한 창조 행위를 할 수 있는지는 논란의 여지가 많다. 예를 들면, 인공지능이 그림을 그리고 음악을 작곡할 수는 있지만 대부분은 과거에 이미 존재하는 데이터를 영리하고 정교하게 조합한 것에 불과하다. 따라서 천재적인 인간이 만들어내는 감흥이나 감동은 없다.

음악, 미술, 문학 등 창조적인 예술 영역에서 인간이 만든 역사 속의 걸작은 어떤 것이 있고 그 속성은 무엇인지 살펴볼 필요가 있다. 먼저 걸작이라 불리는 창조물은 과거에는 존재하지 않았던 새로운 시도의 결과다. 이 참신한 창조물 중 최고의 결과물을 걸작이라 부른다. 다시 말해, 인간이 생각하는 진정한 창조는 미래에 초점을 맞추고 있다.

인간의 위대한 유산이나 걸작은 과거의 것과 구분되는 완전히 새로움이라는 속성이 있다. 건축 분야에서 프랑스 출신 천재 건축가이자 공학자인 에펠이 만든 탑을 보자. 지금은 건축과 토목 분야에서 파리를 대표하는 랜드마크로 추앙받지만 건설 당시에는 흉물로 취급받았다. 예전에 없던 완전히 새로운 시도였기 때문이다. 미술 분야에서 피카소의 입체파적 시도나 현대의 추상 미술도 모두 과거에는 존재하지 않은 새로운 창조물이다. 음악 분야에서 말러나 쇤베르그도 과거에 보지 못한 새로운 시도를 했다. 이처럼 인류의 역사 속에서 걸작은 당시에는 전혀 예상하지 못한 새로운 시도의 결과였다.

여기에 답이 있다. 인공지능은 인간이 과거에 행한 역사적 데이터를 영리하게 조합해 인간에게 필요한 것을 제공한다. 반대로 말하면 수많은 데이터의 조합은 제공하지만 데이터베이스에 존재하지 않는 새로운 시도는 불가능하다는 것이다. 빅데이터가 없다면 인공지능 자체는 존재하지 못한다. 물론 세상의 모든 것은 완전한 무에서 유를 창조해낼 수 없다. 인간은 거대한 데이터베이스의 유산 속에서 자신들만이 가지고 있는 고유의 영감과 상상력으로 창조물을 만들어왔다. 역사적 정보들을 특수하게 연결, 분해, 재배치, 융합해 새로운 것을 창조했다. 이러한 작업을 지속하며 인류의 문화와 기술 문명을 발전시켜온 것이다. 여기서 중요하게 봐야 할 것은 영감 능력이다. 영감 능력은 인간의 독자적 영역이다. 영감 능력을 지속적으로 개발하는 교육과 훈련만이 인공지능을 지배하고 활용할 수 있는 방안이라고 하겠다.

물론 미래에는 이러한 창조적 프로세스에서 일종의 패턴이나 메커니즘을 발견한다면 이와 비슷한 창조 작업을 하는 것이 불가능하지만은 않을 수도 있다. 즉, 미래에 우리가 생각하는 영감이나 감동, 철학적이고 예술적인 감동, 인간의 감정으로부터 일종의 패턴이나 메커니즘을 발견할 수 있다. 하지만 과연 인간만이 가지는 고유한 정신 영역까지 인공지능이 흉내 낼 수 있을지는 의문이다. 여기서 우리는 노엄 촘스키가 챗GPT에 관해 〈포춘〉에 기고한 글을 살펴볼 필요가 있다.

챗GPT가 탄생시킬 '악의 평범함'

세계적인 석학인 MIT 교수 노엄 촘스키는 챗GPT 챗봇이 '기계 학습의 경이로움'이면서 동시에 '악의 평범함'의 부활이 될 수 있다고 비판했다. 궁극적으로 인공지능 모델은 인간 두뇌의 작용을 모방하는 것이지만 실제로 인간의 뇌는 너무나도 정교해 뇌 작동의 완벽한 복제가 불가능하다는 것이다.

노엄 촘스키는 챗GPT와 같은 지능형 챗봇은 코드를 만들거나 일상에서 여행 계획을 세우는 데는 효율적일 수 있지만, 철학이나 예술 같은 논쟁의 여지가 있는 지적 토론은 불가능하다고 주장했다. 챗GPT와 같은 지능형 챗봇은 정교하게 여러 정보를 짜깁기하기는 하지만 그 외의 인간이 가지고 있는 철학적 사고나 예술적 감흥 같은 고유한 정신 작용을 불러낼 창조 작업은 불가능하다는 것이다.

OpenAI의 챗GPT, 구글의 바드 및 MS의 시드니는 기계 학습의 경이로움을 보여주나 인간 지능과 동등하거나 이를 능가할 수 있는 인공지능은 아직 멀었다고 지적했다. 촘스키는 인공지능의 도덕성과 이성적 사고의 결여로 '악의 평범함', 다시 말해 프로그래밍에 명시된 동작을 지속적으로 단순하게 수행하면서 우리가 현실과 진실에 무관심하게 만든다고 주장했다.

그는 "우리는 언어학의 과학과 지식 철학을 통해 추론하는 방식이 단순하게 인간의 언어를 추론하고 사용하는 방식과 크게 다르다는 것을 알고 있다"라며 이는 인간만이 가지는 고유의 정신 작용이 필요한 것으로 보았다. 챗GPT가 과거의 빅데이터를 베이스로 언어의 텍스트를 정교하게 짜깁기하는 방식 이상의 것이 필요하다고 생각했으며, 이러한 차이점은 인공지능 프로그램이 수행할 수 있는 작업에 상당한 제한이 된다고 주장했다. 실제로 챗GPT 프로그램은 인지 진화 이전의 인간이나 완성된 지적 능력을 갖춘 인간이 아닌 그 이전의 단계에 갇혀 있어, 실제 지능적 수행 능력은 가질 수 있겠지만 완성된 지적 인간의 통찰력을 가지고 생각하고 표현하는 능력은 없다고 주장했다.

OpenAI의 챗GPT는 많은 양의 데이터를 파헤쳐 일관된 대화를 생성하는 기능으로 사용자에게 깊은 인상을 남겼다. 인공지능 기반 챗봇은 빅데이터를 깊이 파고들어 텍스트 형식으로 자세한 정보를 생성하는 대규모 언어 모델에 의존한다. 하지만 인공지능은 방금 언급한 내용이 사실인지 거짓인지, 사용자가 듣고 싶어 하는 내용인지 아닌지 구분할 수 없는 상태에서 다음 단어를 생성하기 위해 문장에서 가장 중요한 것이 무엇인지 예측해야 한다. 지속적으로 내용을 생성해야 하기 때문이다. 하지만 실질적인 정확성을 식별할 수 없기 때문에 잦은 실수와 잘못된 정보를 제공하기도 한다. 챗봇 개발자들은 실수가 인공지능 학습 과정의 일부이며 시간이 지나면서 기술은 향상될 것이라고 주장한다. 그러나 인공지능의 추론 능력 부족이 인공지능 발전에 많은 제약이 되고 있는 것도 엄연한 사실이다.

촘스키는 지금의 인공지능 프로그램에 대해 "그들의 가장 큰 결점은 지능의 가장 중요한 추론 능력이 없다는 것"이라고 지적하면서 "무엇이 사실이고, 무엇이 사실이 될 것인지뿐만 아니라 무엇이 사실이 아니고 사실일 수 없는지도 말하는 것이다. 그것들은 단지 예측적인 요소이며 이는 진정한 지성이 아니다"라고 주장했다. 사용 가능한 정보를 기반으로 추론하고 새롭고 통찰력 있는 결론에 도달하는 능력은 인간 두뇌의 특징이다.

반면, 인공지능이 보여주는 언어 생성 능력은 신경학자들이 오랜 기간 동안 인간의 추론 능력과는 거리가 멀다고 지적해왔다.

촘스키는 "인간의 마음은 매우 극소수의 정보로도 여러 방식으로 작동하는 놀랍도록 효율적이고 우아한 시스템"이라고 주장했다. 촘스키는 현재 개발된 인공지능은 자신이 만들어낸 의견을 지속적으로 검열하는 과정을 거치고 있다고 말했다. 따라서 이러한 과정은 궁극적으로는 비판적 사고를 제한할 수밖에 없으며, 그로 인해 철학, 문학 등의 논쟁을 하는 것은 지금으로서는 큰 제약이 있다고 주장했다.

또한 챗GPT 및 기타 챗봇이 자유로운 결정을 내리지 못하도록 해야 하며, 특히 여러 기술적 문제를 고려할 때 전문가들은 사용자에게 의학적 조언이나 과제를 위해 일반적인 챗GPT에 의존하면 큰 위험에 빠질 수도 있다고 조언했다.

인공지능의 부정확하고 실수가 있는 부분에서는 '음모론'의 확산을 부추길 수 있으며 이를 통해 사용자나 다른 결정권자에게 위험한 결정을 내리게 할 수도 있다는 것이다. 촘스키에 따르면, '불량한 AI'는 결코 합리적인 결정을 내리지 못하며 결국 이는 도덕과 윤리의 문제를 불러일으킬 것이라고 예견했다. 그렇다면 이 다재다능한 기술은 우리 삶의 중요한 부분이 아니라 장난감이자 가끔 사용하는 도구로 남을 수도 있다고 주장했다. 촘스키는 챗GPT는 '악의 평범함'을 보여준다고 했다. 표절, 무관심, 회피 등 그것은 일종의 자동적으로 만들어진 완성품으로 문헌의 주장을 요약하고, 어떤 것에 대해 입장을 취하지 않으며, 궁극적으로는 잘못된 일이 일어났을 때 책임을 제작자에게 전가한다고 지적했다. 그는 "챗GPT가 도덕적 원칙을 추론할 수 있는 능력이 없는 상황에서 단지 프로그래머에 의해 논쟁의 여지가 있는, 즉 중요한 토론에 새로운 것을 창조해내고 기여하는 활동을 몇 가지 필터링을 통해 조잡하게 제한했다"라고 생각했다. 결국 "이것은 일상의 편리함과 극단적 효율을 위해 비도덕성을 옹호하고 궁극적으로는 창의성을 희생한 것"이라 주장했다.

메타버스
생태계

인간은 지속적으로 유토피아를 꿈꾸고 건설해왔다. 당시의 가장 완벽해 보이는 기술과 사회 개념을 결합해 지속적으로 새로운 유토피아를 탄생시켜왔다. 특히 최근 들어 새로운 사회 시스템을 꿈꾸는 '개념적인 유토피아'보다는 기술과의 결합을 통해 인류가 행복해질 수 있는 '기술적 유토피아'가 매우 활발하게 탄생하고 있다.

오늘날 가장 이슈가 되는 GPT 기술이 탑재된 메타버스의 유토피아는 모든 사람에게 새로운 유토피아의 미래를 보여준다. GPT 기술은 일상적인 오프라인 세상에서 큰 이슈로 회자되고 있지만, 메타버스를 이용한 가상 세계에서 결합될 경우 엄청난 힘을 발휘할 것으로 예상된다. 이제 우리가 마주할 디지털 가상 세계의 유토피아 세상은 지금껏 경험하지 못한 새로운 방식의 미래를 열어줄 것이다. 사우디아라비아에서 진행되는 실제 유토피아 도시인 초현실적 메가 신도시 네옴시티는 가상과 현실에서 동시에 유토피아적 세상이 건설되는 흥미로운 과정을 보여주고 있다. 건설 중인 네옴시티에는 온갖 종류의 첨단 기술이 적용될 것이며 그 중심에는 인공지능과 메타버스가 존재할 것이다. 이미 언급한 것처럼 가상 세계와 현실 세계에서 동시에 인류가 꿈꿔온 유토피아가 탄생하고 있으며, 이는 인류 역사상 가장 흥미진진한 시대가 될 것이다.

인간은 가장 행복하게 살 수 있는 완벽한 세상을 꿈꾸며 이를 지속적으로 건설해왔다. 인간들이 꿈꾸고 창조한 유토피아는 유일하고 완벽한 세상이었다. 이러한 세상을 추구한 큰 이유 중 하나는 자신들이 가진 환경, 기술, 자원, 정보, 철학적 사고의 한계였다. 인간들은 엄청난 기술 혁명으로 역사의 새로운 장을 열고 있다. 이제는 새로운 디지털 기술, 생성형 인공지능과 메타버스 등을 기초로 다양한 삶의 방식이 탄생하도록 만들어준다.

역사 속에서 인간들은 유토피아적 이상이 다를 경우 서로 충돌하고 심지어 전쟁을 일으키기도 했다. 이런 내부 분쟁과 외부 분쟁의 과정을 겪으면서 가장 이상적인 유토피아를 설계해온 것이다. 유토피아는 흥미로운 속성을 지닌다. 유토피아의 개념이 현실 세계에서 실제로 구축되고 건설되면 그 순간 유토피아는 힘과 권위의 구축물(power structure)이 되는 것이다. 물리적 구축물이든 제도적 장치든 결국에는 유토피아의 창조자에 의해 다수의 인간이 지배를 받았다. 이처럼 유토피아가 디스토피아로 변질되는 속성 때문에 역사 속에서 인간들은 지속적으로 실패를 겪으며 새로운 유토피아를 탄생시켜왔다. 또한 인간의 변덕스러움과 다양성도 완벽한 하나의 유토피아 환경을 유지하지 못하게 했다. 그래서 현실 세계에서 건설된 유토피아적 세상은 항상 수명을 다하고 소멸되는 방식으로 진화했다. 그렇다면 어떻게 단일적인 유토피아가 가지는 한계를 극복할 수 있을까? 인간은 빠르게 변화하는 환경 속에서 인간의 변덕스러움과 다양함을 충족시킬 유연한 유토피아적 환경을 만들 수 있을까? 물론 만들 수 있다. 바로 메타버스라는 디지털 가상공간이다.

디지털 가상공간은 네트워크로 연결되고 지속적으로 탄생과 소멸이 가능한 유연한 유기적 환경이다. 마치 우주와 비슷한 생태적 환경이다. 우주에서는 별이 탄생하고 수명을 다해 자연스럽게 소멸한다. 별들은 중력에 의해 일정한 궤도를 돌며 공존한다. 우주는 다중적 네트워크 세상의 좋은 모델이 될 수 있다. 메타버스는 다중 세계인 우주와 비슷한 방식으로 펼쳐질 것이다. 사실 우주도 실제로 존재하기는 하지만 인간이 직접 가보거나 측정할 수 없다. 인간이 수학적 방법과 물리학적 증명 방식을 통해 설명하는 개념적 세계다.

앞으로 메타버스 세계는 네트워크적 생태계를 이루는 다중적 우주의 세계와 유사하게 펼쳐질 가능성이 높다. 이와 같은 유기적 환경에서는 다수의 메타버스가 네트워크적으로 공존한다. 그 속에서 새로운 메타버스가 지속적으로 탄생하고 과거의 메타버스는 자연스럽게 소멸된다. 유기적 생태계인 메타버스의 네트워크에서 인간은 자신의 취향에 맞게 선택할 수 있는 유토피아에서 다양한 활동을 할 것이다. 다중적 메타버스 세계가 어쩌면 우리 인간에게 가장 최적화된 유토피아적 환경일 수 있다. 물론 어떠한 기술적 발전이 이루어지더라도 유일무이한 현실 세계가 가장 중요한 삶의 무대겠지만, 결국에는 우리가 생성하게 될 미래의 가상적 유토피아 환경은 모든 인간의 다양함을 받아들인다. 개인의 선택에 의해 자신만의 인생을 살고 기호에 따라 옮겨 다닐 수 있는 유연한 메타버스 환경에서 지속적으로 현실 세계와 접속하며 다중적 세계에서 살게 된다.

인간의 생활은 이러한 특수한 경험을 통해 지속적으로 확장될 수 있다. 새로 다가올 메타버스의 미래에서는 단순히 편리함을 제공하는 것을 뛰어넘어 모든 인간이 행복을 추구할 수 있는 환경이 도래할 것이다. 이를 바탕으로 사람들이 서로 화합하고 어울려 사는 통합적인 유토피아 생태계가 도래할 것이다.

에필로그 _ 노석준 ──────────────────

먼저 이 책의 모든 독자들께 감사의 말씀을 올린다. 정말 오랜 고심 끝에 어려운 주제의 책을 집필하게 되었다. 글을 써나갈수록 마음의 부담감이 점점 커졌다. 모두에게 유익하고 흥미로운 책으로 탄생하길 기대했기 때문이다. 최선을 다해 연구하고 분석하며 나름의 통찰까지 보탰지만, 이 책에서 다루는 주제는 혁신적인 미래 세상에서 그저 빙산의 일각일 뿐이다. 특히 가상성, 가상 세계의 역사, 오늘날 기술 발달 과정, 미래의 전망이 너무 거대한 주제이므로 이후로도 많은 학자와 전문가에 의해 꾸준히 다루어져야 할 것이다.

개인적으로는 학창 시절부터 관심을 가진 가상성과 버추얼리티가 최근에 와서 이렇게 급속도로 변화하고 발전하면서 인류 문명에 거대한 물결을 몰고 올 줄은 미처 예상치 못했다. 특히 급속도로 발달하는 기술에 힘입어 새로운 미래 메타버스가 계속 열리고 있기 때문에 매번 그 속도와 발전에 놀라고 감탄하게 된다. 실제로 이 책을 집필하기 시작해 완성하는 동안에도 새로운 기술들이 등장해 내용을 꾸준히 업데이트해야 했다.

단순히 기술의 발전만으로는 인류가 꿈꾸는 세상이 이루어질 수 없다. 과거 인류는 단 한 번도 기술의 발전과 혁신만으로 모두가 행복하고 자유롭고 평등한 이상 사회를 창조한 적이 없다. 기술에 앞서 인간에 대한 깊은 이해가 우선되어야 하는 일이기 때문이다. 최첨단 기술을 적극적으로 활용하되, 인간이 오랜 시간 고민해온 가상성에 대한 인문학적 가치를 재정립하면서 진정 인류가 바라는 새로운 시대를 맞이해야 할 것이다.

세상에 완전히 새로운 것은 존재하지 않는다. 모든 것은 반복하며 새로운 환경의 옷을 입을 뿐이다. 미래를 알려면 과거를 알아야 하고 역사를 알아야 한다. 이는 너무나도 중요한 사실이다. 오랜 역사 속에 남겨진 수많은 생각을 연결하는 능력은 우리에게 미래를 만들어낼 수 있는 통찰력과 창조성을 제공한다.

과거부터 현재에 이르기까지 끊임없이 가상 세계를 탄생시키고 진화시킨 인류에게 찬사를 보낸다. 더불어 앞으로 펼쳐질 인류의 새로운 여행에 동참할 수 있게 되어 매우 기쁘다.

이 책이 완성될 수 있도록 같이 고생한 공저자 이승희 박사에게 감사의 말씀을 올리고, 책을 쓸 때 조언을 아끼지 않은 아내 위유정에게도 감사의 말씀을 전한다.

AI, 챗GPT, 메타버스와 같은 최첨단 기술의 발전으로 인간은 극도의 긴장 상태에 놓여 있다. 마치 유토피아와 디스토피아의 경계에 서서 어느 쪽으로 발을 내딛느냐에 따라 인류의 멸망과 번영이 결정되는 운명의 시대에 있는 것 같다.

이러한 사회의 급격한 변화 속에서 우리는 최첨단 기술의 근본에 대한 철학적 의문이 생겼다. 최첨단 기술은 인류에게 위협인가 기회인가를 판단하기 위해서는 그 기술의 철학적 개념은 무엇인가를 탐구하지 않을 수 없었다. 연구에 의해 우리는 첨단 기술의 등장은 인간의 상상력의 발현이고 상상력은 인간 생존의 DNA라는 것을 발견했다. 상상을 통한 기술의 개발은 우리가 새로운 환경에 적응할 수 있는 원동력이 되었고, 더 나은 세상을 꿈꾸게 했으며, 삶의 질을 향상시켰다.

현실 세계의 재현이라는 동굴벽화도 사실, 인류가 최초로 만들어낸 가상공간과 현실 공간의 결합이었으며, 인류 최초의 게임 가상 공간이라고 말할 수 있다. 동굴벽화를 비롯해 역사 속 예술 작품 속에서 가상성의 개념을 찾아내는 것은 흥미로운 여정이었다.

칼 세이건(Carl Edward Sagan)은 "상상력은 종종 우리를 과거에는 결코 없었던 새로운 세계로 인도한다. 하지만 상상력 없이 갈 수 있는 곳은 없다."고 했다.

인간만이 가진 상상력이라는 창조적인 능력이 인류의 발전을 위해, 더 나아가 생태계에 유용하게 적용되기를 바란다. 기술이 인류를 위협할 수 있다는 다양한 논의와 현상이 나타나고 있는 가운데 기술개발에 대한 사회적, 도덕적, 윤리적 합의가 필요한 시점이다.

단테의《신곡》에서 완벽한 가상공간을 찾아낸 노석준 교수님의 신선한 인사이트로 이 책이 시작되었다. 항상 비범한 통찰력으로 세상을 바라보는 새로운 관점을 제시해주시는 교수님께 감사드린다. 마지막으로 책을 완성하고 출판을 위해 함께 고생하신 글라이더 출판사에도 감사의 마음을 전하고 싶다.

chapter 1. 과거

Alighieri, D(2003) 《The Divine Comedy》 (M. Musa, Trans.). Penguin Classics.

Graham-Dixon, A(2008) 《Michelangelo and the Sistine Chapel》 Weidenfeld & Nicolson.

Hall, M. B(1988) 《Andrea Pozzo: The Techniques of Baroque Fresco Painting》 Pennsylvania State University Press.

Miralles, F(2009) 《Andrea Pozzo: La Perspectiva Como Ilusión》 Ediciones El Viso.

Moore, C. (2010) 《Propaganda Prints: A History of Art in the Service of Social and Political Change》 A&C Black.

Pendergrast, C. (2004) 《The Real Thing》 Random House Business.

Pendergrast, M. (2013) 《For God, Country, and Coca-Cola》 Basic Books.

Seidman, S. A(2008) 《Posters, Propaganda, and Persuasion in Election Campaigns Around the World and Through History》 Peter Lang Publishing.

Summers, D(1981) 《Michelangelo and the Language of Art》 Princeton University Press.

Zuccari, A(2016) 《The Sistine Chapel》 Mondadori Electa.

김광호(2011) 《자본주의와 공산주의의 비교》 민음사.

마이어, R(2015) 《코카-콜라의 글로벌 음료 제조와 마케팅》 글로벌경제연구원.

반 하우스티, 피터(2012) 《히에로니무스 보스: 상상의 세계》 문학과지성사.

벨팅, 한스(2014) 《히에로니무스 보스: 산지의 동산》 오리진북스.

토머스 모어(2010) 《유토피아》 문학과지성사.

하슬립, G(2013) 《코카-콜라 전쟁》 민음사.

chapter 2. 메타버스의 이론과 지식

Bachelard, G(1994) 《The Poetics of Space. (M. Jolas, Trans.)》 Beacon Press.

Ball, M(2021) 《Metaverse Manifesto》 Substack.

Baudrillard, J(1981) 《Simulacra and Simulation》 University of Michigan Press.

Beckmann, J(1998) 《The Virtual Dimension》 Princeton Architectural Press.

Blascovich, J., & Bailenson, J. N(2011) 《Infinite Reality》 William Morrow.

Deleuze, G., & Gattari, F(1992) 《A Thousands of Plateaus》 Contiuum Press.

Harari, Y. N(2015) 《Sapiens: A Brief History of Humankind》 Harper Perennial.

Harris, R(2020) 《Metaverse》 Independently Published.

Massumi, B(2002) 《Parable for The Virtual》 Duke University Press.

Rene, G(2021) 《The Spatial Web: How Web 3.0 Will Connect Humans, Machines, and AI to Transform the World》 Wiley.

Sartre, J. P(2004) 《The Imaginary(J. Webber, Trans.)》 Routledge.

Scoble, R., Israel, S., Arrington, P., & Scoble, R(2017) 《The Fourth Transformation: How Augmented Reality & Artificial Intelligence Will Change Everything》 Patrick Brewster Press.

Taylor, B(2013) 《Avatar and Nature Spirituality》 University of California Press.

Wagner, M. G(2020) 《Metaverse》 Apress.

Zagalo, N(2012) 《Virtual Worlds and Metaverse Platforms》 IGI Global.

그린버그, N(2021) 《메타버스》 시공사.

김상균(2020) 《메타버스 디지털 지구, 뜨는 것들의 세상》 플랜비디자인.

니체, 프리드리히(2000) 《차라투스트라는 이렇게 말했다》 창작과 비평사.

바슐라르, G(2012) 《공간의 시학》 민음사.

샤르트르, 장(2009) 《상상계: 현상학적 상상력 심리학》 동문선.

샌포드 컨터(1991) 《The Actual and The Virtual》 NewYork Zone Book.

카페리, E(2019) 《메타버스: 가상 공간의 경제와 정치》 생각의나무.

프리드먼, A., & 월드라프, J(2020) 《메타버스와 가상 경제》 세창출판사.

하라리, 유발(2015)《사피엔스: 인류역사의 시작》한국경제신문사.

chapter 3. 현재
Financial Montly, "The Role of GPT in Metaverse"
김건우, 박승현, 정민영(2016)《증강현실 콘텐츠 제작과 응용》한나래미디어.
김민우, 김용한, 박진우(2017)《가상현실과 게임》성안당.
김영민(2020)《챗봇 만들기》비제이퍼블릭.
김준섭(2019)《블록체인 기술의 이해와 활용》에이콘출판사.
박해선(2018)《자연어 처리와 딥러닝》책만.
송은주, 박진우(2017)《가상현실 체험과 활용》성안당.
유필상(2020)《블록체인 투자 바이블》베이직북스.
이정태, 이상명(2017)《가상현실 전망: 산업과 콘텐츠》한나래미디어.
최용재(2019)《챗봇의 이해와 개발》에이콘출판사.
최지웅(2019)《블록체인: 가상화폐와 분산원장 기술의 모든 것》동아시스템.
탭스코트, 돈, 탭스코트, 알렉스(2017)《블록체인 혁명》한국경제신문사.
황규준(2018)《블록체인: 새로운 경제와 사회의 패러다임》지오북.
황규준(2018)《증강현실: AR(Augmented Reality) 핵심 가이드》가미북스.
황세진(2019)《챗봇 디자인과 개발》이지스퍼블리싱.

chapter 4. 미래
Fortune, Mar 2023, "Banality of Evil of 챗GPT" From Noam Chomsky
Harvard Law School Review, Mar 2023.
The Financial Times, Mar 2023.
Washington Post, Mar 2023.
김민정(2021)《부동산과 블록체인》한울아카데미.
김상균, 박지원(2022)《메타버스와 부동산》인천대학교출판부.
이승훈(2021)《메타버스와 부동산 투자》한울아카데미.

가상 세계의 창조자들

초판 1쇄 발행 2023년 6월 15일

지은이 노석준 이승희
펴낸곳 글라이더 **펴낸이** 박정화
편집 박일귀 **디자인** 디자인뷰 **마케팅** 임호

등록 2012년 3월 28일 (제2012-000066호)
주소 경기도 고양시 덕양구 화중로 130번길 14(아성프라자 504-2)
전화 070) 4685-5799 **팩스** 0303) 0949-5799
전자우편 gliderbooks@hanmail.net
블로그 https://blog.naver.com/gliderbook
ISBN 979-11-7041-123-9 03320

ⓒ 노석준 · 이승희, 2023

글라이더는 독자 여러분의 참신한 아이디어와 원고를 설레는 마음으로 기다리고 있습니다.
gliderbooks@hanmail.net으로 기획의도와 개요를 보내 주세요. 꿈은 이루어집니다.